Giovanni Macchia

Project Stakeholder Management

Come convincere
chi è contrario (o favorevole)
al vostro progetto

Copyright © 2010 di Giovanni Macchia
email: g.macchia1@gmail.com

Project Stakeholder Management
Autore: Giovanni Macchia
Stampato in USA da Lulu Press
Settembre 2010
Prima Edizione

ISBN 978-1-4461-9758-5

INDICE

INTRODUZIONE

Questo libro intende colmare una lacuna nella disciplina del project management: la scarsa attenzione alla gestione di chi ha un interesse nei confronti di un progetto. Infatti, la problematica della gestione degli stakeholder è attuale: gruppi di pressione, top manager, clienti, colleghi, collaboratori e altre persone possono rappresentare un'opportunità o un ostacolo al raggiungimento degli obiettivi di un progetto. Questo libro **fornisce metodi e strumenti per gestire gli stakeholder**. Innanzitutto elabora, in maniera completa, la disciplina del project stakeholder management, introducendola come parte integrante delle discipline del project management. Inoltre, il libro fornisce una **descrizione per fasi del project stakeholder management**. Il lettore troverà un'esposizione accurata di metodi e strumenti la cui applicazione è spiegata, per ogni singola fase, attraverso un **caso di studio** che faciliterà il lettore nella comprensione dei concetti. Infine, sono descritti dei **modelli innovativi** che facilitano l'analisi e l'individuazione degli stakeholder, oltre che le loro potenziali relazioni.

CAPITOLO PRIMO

GLI STAKEHOLDER DI PROGETTO

COS' È UN PROGETTO

Nel libro *Project Management – Teoria Strumenti Attività* ho definito il *progetto* nel seguente modo:

> *Un progetto è un insieme coordinato di attività temporanee volte a creare un bene, un servizio o un'idea unici.*

Adotteremo questa definizione, che contiene due novità rispetto alle altre: il coordinamento delle attività ed il considerare la creazione di un'idea come un'attività progettuale al pari di un bene o servizio. Dalla definizione si deduce che un insieme di attività, per potersi definire progetto, deve possedere le seguenti caratteristiche:
– Il coordinamento
– La temporaneità
– L'unicità dei beni o idee o servizi creati.

Un progetto può essere suddiviso in *fasi*, a ciascuna delle quali corrispondono precise attività da svolgere. Tratteremo ognuno di questi punti nei prossimi paragrafi.

COORDINAMENTO

Il coordinamento è svolto dal *Capo Progetto* (*Project Manager* nella letteratura), che ne è responsabile della gestione ed è *l'unico punto di riferimento, sia interno che esterno*. Il termine Project Manager è, a volte, sostituito da vari sinonimi, tra cui Project Leader, Responsabile di Progetto, Project Director, Direttore di Progetto, Direttore dei Lavori. La caratteristica comune rimane, per essere in linea con la nostra definizione, quella di essere l'unico riferimento con le mansioni di gestione e coordinamento del progetto. Il project manager, essendo un coordinatore, deve gestire delle persone (le *risorse umane*) cui assegna determinati compiti (*task*) da eseguire. L'Organizzazione di Progetto (*Project Organization*), individua coloro che collaborano con il project manager e ne mostra i compiti e le modalità di integrazione. Il project manager può rivolgersi ad altre organizzazioni, anche esterne alla sua, per far svolgere determinate attività. In questo caso dovrà gestire gli *acquisti* di progetto, che possono essere relativi a task, servizi o beni strumentali.

TEMPORANEITÀ

Il progetto, a causa della sua temporaneità, ha una *data di inizio* e una *data di fine*, detta anche *data di completamento*. La *durata di un progetto* è il tempo che intercorre tra queste due date, e deve rimanere ben definita e limitata. Il project manager, in quanto figura di coordinamento, è responsabile della gestione della *tempistica* del progetto, che deve attuare tramite la pianificazione ed il controllo di un *cronoprogramma*. La disciplina che controlla lo stato di avanzamento di un progetto è chiamata *Gestione della Tempistica di Progetto* (*Project Time Management*).

UNICITÀ

L'unicità si riferisce alla creazione di qualcosa di nuovo, di non esistente prima del progetto. Questa unicità ha come conseguenza la necessità di individuare e gestire:
–   L'*ambito* del progetto, ovvero il lavoro che deve essere svolto per raggiungere gli obiettivi del progetto.
–   La *qualità* desiderata. Per qualità si intende *l'insieme delle caratteristiche che un prodotto o servizio deve possedere per soddisfare bisogni espliciti o impliciti*.
–   Gli *eventi di rischio*, che sono gli eventi che *possono* danneggiare il progetto. Un *rischio di progetto*, o semplicemente *rischio*, è *l'effetto negativo che la probabilità di accadimento di un evento ha sul progetto stesso*. Il project manager e l'organizzazione dovranno quantificare, per ogni evento di rischio, sia la probabilità di accadimento che il suo effetto sul progetto.

LE FASI DI UN PROGETTO ED IL PROJECT MANAGEMENT

Ogni progetto è suddiviso nelle seguenti *fasi*:
–   **Inizio**

- **Pianificazione**
- **Controllo**
- **Esecuzione**
- **Chiusura**

La figura 1.1 ne mostra le correlazioni, con le frecce che indicano un flusso documentale o di elementi tra le fasi.

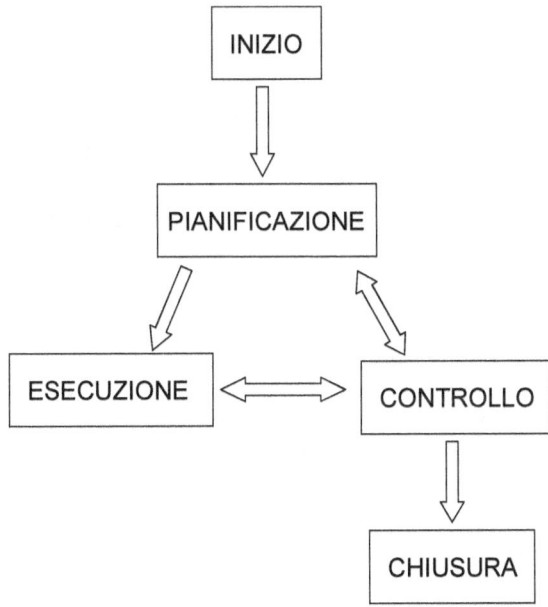

Figura 1.1 – Fasi di un progetto

Il Project Management è l'insieme delle conoscenze, competenze, strumenti e metodi volti al raggiungimento degli obiettivi di progetto. Le aree di processo[1], derivate dalla definizione di progetto, sono mostrate in figura 1.2.

---

[1] Per processo si intende un insieme di azioni volte ad ottenere un risultato.

In questo libro approfondiremo la gestione degli stakeholder di progetto. Cominceremo, nel prossimo paragrafo, a definire cosa sono gli stakeholder ed a classificarli.

INTRODUCIAMO GLI STAKEHOLDER ...

COSA SONO GLI STAKEHOLDER

Il project manager e l'intera organizzazione che coordina non sono i soli ad essere interessati al progetto. Lo è il top management dell'azienda, perché spera di fare profitto e, allo stesso tempo, mostrare al mercato di possedere le competenze e le capacità per gestire tali tipi di progetti. Il cliente o lo sponsor che vi ha chiesto di realizzarlo sperano nella sua riuscita. Però, contrariamente a quanto si pensa, non sono gli unici attori interessati. Lo sono, anche se indirettamente, le famiglie delle persone che ci lavorano, poiché una cancellazione del progetto porrebbe serie incertezze sul futuro lavorativo dei loro cari. Possono essere interessati anche dei gruppi di persone che ritengono il vostro progetto potenzialmente dannoso per la loro comunità: si pensi, ad esempio, al progetto di costruzione di una centrale nucleare vicino ad una zona densamente abitata. Possono esserlo i politici, soprattutto nel caso di progetti coordinati dalla Pubblica Amministrazione. L'elenco è molto lungo, e per poter considerare tutte queste categorie in modo non frammentato ma univoco, introduciamo la seguente definizione:

Chiameremo stakeholder ogni persona e/o organizzazione che ha un interesse al progetto.

Per "interesse al progetto" intendiamo il coinvolgimento, diretto o indiretto, nel progetto. Non tutti gli stakeholder, però, possono avere la stessa influenza sul progetto. Ad esempio:
- Un amministratore delegato può cancellare un progetto, se non profittevole per l'azienda;
- Un gruppo di pressione che si oppone alla realizzazione del progetto ed è composto di sole 3 persone che hanno contro tutto il resto della popolazione, può non rappresentare un pericolo per il progetto.
- Un presidente di un ente (ad esempio, un presidente di regione) che subentra al suo predecessore con diverse idee programmatiche, può avere una forte influenza sul progetto (può anche cancellarlo se ritiene che quanto fatto prima del suo insediamento sia inutile).

CARATTERISTICHE DI UN PROGETTO	AREE DI PROCESSO DERIVATE
Coordinamento	Integrazione e pianificazione (*Project Integration Management*) Gestione Economica di Progetto (*che include anche il Project Cost Management*) Gestione del Personale di Progetto (*Project Human Resource Management*) Gestione della Comunicazione di Progetto (*Project Communication Management*) Gestione degli Acquisti di Progetto (*Project Procurement Management*)
Temporaneità	Gestione della Tempistica (*Project Time Management*)
Unicità	Gestione dell'Ambito del Progetto (*Project Scope Management*) Gestione della Qualità del Progetto (*Project Quality Management*) Gestione dei Rischi di Progetto (*Project Risk Management*)
Presenza di attori con interessi negativi, neutri, positivi e proattivi	Gestione degli Stakeholder di Progetto

Figura 1.2 – Aree di Processo del Project Management

È utile, quindi, possedere una classificazione per gli stakeholder in funzione della loro influenza sul progetto. Chiameremo *principali* gli stakeholder le cui azioni possono avere impatti significativi sul progetto. Chiameremo, invece, *secondari*, tutti gli altri. Ritornando agli esempi, l'amministratore delegato ed il presidente dell'ente sono stakeholder principali, mentre il gruppo di pressione è uno stakeholder secondario. Queste definizioni portano, secondo me, una luce nuova sulla gestione di un progetto. Un project manager deve considerare non solo il suo cliente, ma anche tutti quanti gli stakeholder principali, e dovrà gestirli di conseguenza. Dovrà, quindi, capirne i bisogni e tenerne conto durante le varie fasi del progetto, cercando, compatibilmente con gli obiettivi realizzativi ed economici, di soddisfarli. Se un gruppo di pressione ambientalista incita al boicottaggio della realizzazione di una discarica perché pensa che possa nuocere all'ambiente, il project manager deve capire le motivazioni alla base delle proteste, e deve intraprendere le azioni per far comprendere che non vi sono pericoli per l'ambiente. Non basterà, quindi, realizzare in maniera sicura la discarica, ma occorrerà anche *comunicare* queste sicurezze. Se l'amministratore delegato ritiene, a torto, che il vostro progetto sta subendo delle perdite, non dovete pensare che l'uscita del rapporto del prossimo mese possa mettere tutto a tacere. Conviene, invece, mostrare subito l'andamento del progetto e le proiezioni future, in modo da evitare ogni possibile malinteso.

Gli interessi possono essere diversi e, a volte, in contrasto. Un politico che vuole realizzare un ponte o una centrale elettrica ha l'interesse a fornire un servizio alla popolazione, contando poi in una sua rielezione. Per lo stesso servizio, possono esserci gruppi di pressione locali che potrebbero opporre resistenza, mostrando altri interessi rispetto a quelli del politico o della pubblica amministrazione. Per poter operare in maniera più generale, catalogheremo gli stakeholder in funzione dei rispettivi interessi nei confronti del progetto. Le definizioni che useremo nel libro sono le seguenti:

- Chiameremo *negativo* lo stakeholder se desidera il fallimento o il manato raggiungimento degli obiettivi del progetto. Esempi di stakeholder negativi sono:
    o Un'azienda concorrente che ha interesse nel prendere lavoro nel caso il progetto non vada a buon fine;
    o Un gruppo di pressione che non vuole la realizzazione di un'opera per evitare perdite economiche ai suoi membri (si pensi a dei progetti di edilizia che prevedono espropri di case);
    o Un manager, subentrato allo sponsor, che non è convinto della necessità del progetto.
- Chiameremo *neutro* lo stakeholder che è indifferente alla riuscita del progetto. Esempi di stakeholder neutri sono:
    o Responsabili aziendali che non sono direttamente interessati al progetto;
    o I cittadini che, nel caso di opere pubbliche, non subiscono impatti sulle loro proprietà.
- Chiameremo *proattivo* lo stakeholder che ha interesse alla riuscita del progetto purché soddisfi le proprie aspettative, che non devono essere negative nei confronti del progetto. Esempi di questi stakeholder sono:
    o Responsabili aziendali, che vedono favorevolmente il progetto se le persone che gestiscono possono crescere professionalmente all'interno del progetto stesso;
    o I cittadini le cui proprietà sono vicine alle opere e che usufruiranno degli annessi servizi e benefici annessi.
- Chiameremo *positivo* lo stakeholder, che auspica il raggiungimento degli obiettivi di progetto. Esempi sono:
    o L'amministratore delegato di un'azienda, che crede che il progetto possa raggiungere o superare gli obiettivi economici;
    o La sponsor del progetto, che ha creduto nell'iniziativa e si è battuta per farla iniziare.

Chiameremo *stato* di uno stakeholder il suo essere in uno dei quattro tipi sopra elencati: negativo, positivo, proattivo e neutro. Uno stakeholder positivo sarà in uno stato positivo, uno negativo in uno stato negativo, e così via.

Uno stakeholder, proprio perché portatore di interessi, può compiere delle *azioni*, che possono essere, in funzione del suo stato, a favore, contrarie o indifferenti al progetto. Inoltre, uno stakeholder può anche *influenzare* altri stakeholder per far cambiare il loro stato. Ecco alcuni esempi:

- Un gruppo di minoranza di cittadini contrario all'esproprio delle proprie terre può convincere altri cittadini, inizialmente neutri, ad opporsi alla costruzione delle opere previste;
- Un concorrente della vostra azienda può cercare di mettervi in cattiva luce con il vostro committente[2];
- Un top manager, non convinto della bontà del vostro progetto interno, può cercare di convincere i capi reparto ad impiegare le risorse in altri progetti.

Gli esempi potrebbero continuare, ma qui ci preme sottolineare come gli stakeholder possono cambiare il proprio stato a fronte di azioni di altri stakeholder, appartenenti o meno all'organizzazione di progetto.

PROJECT STAKEHOLDER MANAGEMENT

Il project manager dovrà relazionare con tutti gli stakeholder, comunicare con loro ed, infine, gestirli. Ma cosa vuol dire "gestire gli stakeholder"? Innanzitutto, indichiamo come obiettivo ideale del project manager il trasformare gli stakeholder non positivi in stakeholder positivi. Non sempre, però, questo è possibile, perché gli interessi di uno stakeholder potrebbero essere completamente contrari a quelli del progetto: nessun tentativo di farlo diventare positivo o proattivo potrebbe avere successo. Pertanto, un project manager deve operare in modo da evitare che gli stakeholder possano influenzare negativamente sia il progetto che la relativa organizzazione. In altre parole, l'esistenza di stakeholder negativi non va necessariamente demonizzata: occorre semplicemente evitare che le azioni di quest'ultimi possano impattare sugli obiettivi di progetto e sull'intera organizzazione. Chiariamo con alcuni esempi:

- Un'azienda vi ha assegnato un progetto, voluto e sponsorizzato da un suo top manager. Quest'ultimo è, quindi, uno stakeholder positivo per il progetto. Ipotizziamo, però, che il top manager cada in disgrazia, per

---

[2] Per committente si intende colui che ha commissionato, stipulando un contratto, un progetto con la vostra azienda.

motivi indipendenti dal progetto, e che gli subentri un'altra persona che vede il progetto come qualcosa di inutile (anche solo per dimostrare discontinuità con il suo predecessore). Quest'ultimo sarà sicuramente uno stakeholder negativo, ed il project manager deve evitare che questa "negatività" possa portare, direttamente o indirettamente, alla cancellazione del progetto;

- Vi è stata assegnata la conduzione di un progetto, interno alla vostra azienda, per realizzare un prototipo di un nuovo prodotto. Lo sponsor di questo progetto è un top manager che aspira ad ottenere una promozione a scapito di un suo collega. Quest'ultimo, per motivi squisitamente di carriera, potrebbe avere tutto l'interesse a far fallire il progetto. Il project manager deve evitare (tramite alleanze o coinvolgendo altri manager) che questa guerra di potere possa creare problemi al progetto.

Gli esempi possono essere innumerevoli. Pertanto, cerchiamo di trovare una "regola" per gestire gli stakeholder. Alla luce degli esempi precedenti, possiamo affermare che l'obiettivo del project manager deve essere il seguente:

Evitare che gli stakeholder influenzino negativamente il progetto e la sua organizzazione.

Molte volte, un project manager non persegue questo obiettivo, contando solo sulla capacità tecnica dei suoi collaboratori oppure ignorando i possibili comportamenti degli altri stakeholder. Sfortunatamente, questo atteggiamento può comportare dei danni al progetto, sia in termini di incrementi di costi che di ritardi (si pensi, ad esempio, al blocco di un'opera, dovuto ad azioni legali di gruppi di interesse). Inoltre, anche l'organizzazione di progetto può essere influenzata negativamente dai comportamenti degli stakeholder: nell'esempio di competizione tra top manager per la promozione, le persone dell'organizzazione di progetto potrebbero essere coinvolte in queste faide. Ad esempio, il manager contrario potrebbe chiedere alle persone, che dipendono dalla sua unità organizzativa, di lavorare su più progetti, con conseguente ritardo nel lancio del prodotto. Pertanto, il project manager deve evitare non solo guai al progetto, ma deve anche "difendere" le persone che gestisce, oltre sé stesso. Possiamo quindi dare la seguente definizione:

Il Project Stakeholder Management è l'insieme delle conoscenze, delle competenze, degli strumenti e dei metodi per garantire che gli stakeholder non influenzino negativamente il progetto e/o l'organizzazione relativa.

Suddivideremo il project stakeholder management in fasi, alla stregua di quanto fatto per il project management. Le fasi che useremo per la gestione degli stakeholder di progetto sono:
- **Identificazione**
- **Analisi**
- **Controllo**
- **Azione**

La figura 1.3 mostra le correlazioni tra le fasi del project stakeholder management, dove le frecce indicano un flusso documentale o informativo. Ad esempio, la freccia da Identificazione ad Analisi indica che le informazioni sugli stakeholder identificati sono fornite per la loro analisi. Le singole fasi del project stakeholder management, che saranno descritte nei prossimi capitoli, sono correlate con le fasi del project management. Pertanto, il project manager deve sapere *quando* attuare le attività tipiche della gestione degli stakeholder e come correlarle con le altre attività di progetto. La figura 1.4 mostra tali correlazioni. L'Identificazione e l'Analisi, ad esempio, rientrano nella fase di Pianificazione: prima di iniziare la fase esecutiva, quindi, il project manager deve aver identificato ed analizzato gli stakeholder, in modo da agire nella maniera più opportuna nella fase successiva, ritornando alla fase di identificazione e analisi se, nella fase di controllo, emergessero altri stakeholder o quelli esistenti mostrassero un cambio del loro stato.

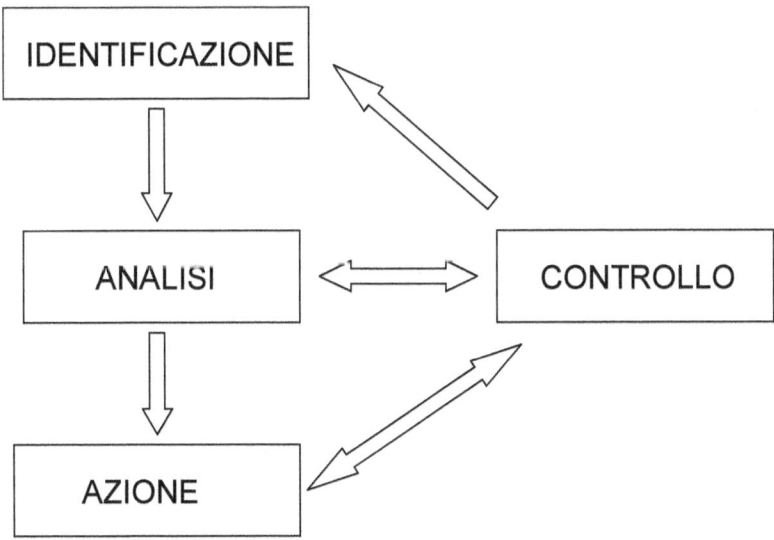

Figura 1.3 – Fasi del Project Stakeholder Management

Project Management	Project Stakeholder Management
Pianificazione	Identificazione
	Analisi
Esecuzione	Azione
Chiusura	
Controllo	Controllo

Figura 1.4 – Correlazione tra le fasi del PSM e del PM

Nella fase di chiusura del progetto possono esserci necessità di intraprendere azioni nei confronti di stakeholder, giustificando la presenza della fase Azione nella chiusura del progetto. Ad esempio:
- Nel caso di opere pubbliche fortemente volute da amministratori locali, occorre preparare eventi per dare risalto all'operato delle amministrazioni (il taglio del nastro ne è un esempio);
- Il top management può richiedere un incontro per verificare il raggiungimento degli obiettivi di progetto.
- L'azienda può prevedere, all'interno delle sue procedure, degli incontri con il personale per individuare e documentare le lezioni apprese (le cosiddette *lesson learned di progetto*);
- Il cliente finale può richiedere uno o più incontri di formalizzazione della chiusura del progetto.

Nei prossimi capitoli descriveremo in dettaglio ciascuna delle fasi del project stakeholder management.

UN CASO DI STUDIO

La gestione degli stakeholder può sembrare un argomento complesso ed anche abbastanza astratto rispetto alle dinamiche quotidiane classiche del project management: i clienti, i propri collaboratori, il proprio capo, i rischi e così via. In realtà, molti progetti per aver sottovalutato altri stakeholder o, peggio ancora, per non averli neanche considerati. Anche in progetti non proprio complessi, saper gestire le dinamiche degli stakeholder fa la differenza nella gestione del progetto. Proprio per questo, ho pensato di fornire un caso di studio, che ci accompagnerà per tutto il libro e che useremo per illustrare come applicare i contenuti dei singoli capitoli.

IL PROGETTO PARCO GIOCHI

L'azienda YY ha vinto una gara d'appalto per la realizzazione e la successiva gestione di un grande parco giochi da dislocare in un'area, da espropriare, del Comune X, che ha bandito la gara. L'Amministrazione Comunale, in particolare il Sindaco (amico del Direttore Generale dell'azienda YY), ed un Parlamentare locale hanno fortemente voluto il progetto. Inutile dire che entrambi vogliono che il progetto termini entro la legislatura, per poterne ottenere un ritorno in termini elettorali. Un'azienda concorrente ha presentato ricorso contro l'aggiudicazione della gara a YY (i contenuti del ricorso non sono ancora noti), ma l'Amministrazione Comunale ha deciso comunque di assegnare la gara e di procedere con i lavori. Il progetto incontra la forte resistenza dei proprietari dell'area che il Comune vuole espropriare, che ritengono non adeguato il compenso che il Comune ha dichiarato di voler dare. YY ha presentato un documento di valutazione di impatto ambientale, che è stato considerato adeguato dal Ministero competente. Ad ogni modo, il progetto incontra le perplessità delle associazioni ambientaliste, che temono che possa deturpare il paesaggio, pur essendo in linea con quanto richiesto dalla legge. Mario, uno dei capi progetto più esperti, è stato designato dal Direttore Generale come project manager, contro il parere del capo dell'Unità Programmi, che avrebbe preferito assegnarlo ad un altro collega, Bruno, per motivi di carichi lavorativi e perché aveva seguito tutte le fasi dell'offerta. In realtà, Mario ha la stessa anzianità aziendale del suo capo, ed è stato un suo concorrente per ricoprire il ruolo di capo dell'Unità Programmi. Il suo capo, che non ha gestito l'Unità nel modo voluto dal Direttore Generale, ha il timore che Mario, se riuscisse a portare a termine con successo il progetto, possa soffiargli il posto. Il Capo dell'Unità di Produzione ha dei grossi problemi a reperire del personale che può lavorare a tempo piano per il nuovo progetto, e non sa come gestire la fase di servizi[3]. Il capo dei Servizi Generali, al contrario, è felicissimo del progetto, perché ritiene che i servizi successivi alla realizzazione del progetto saranno per lui ed i suoi uomini un trampolino di lancio ed un'opportunità di carriera.

---

3 In realtà, un progetto non si occupa di realizzare servizi operativi e, quindi, la preoccupazione del capo dell'Unità Produzione è fuori luogo.

CAPITOLO SECONDO

IDENTIFICAZIONE

CHI SONO GLI STAKEHOLDER ?

Divideremo gli stakeholder in due grandi famiglie, in funzione della loro appartenenza o meno all'organizzazione che ha il compito di realizzare il progetto. Ognuno di loro ha una missione, che definiremo come segue:

La missione è l'insieme dei compiti che lo stakeholder deve attuare.

Notate che questa definizione non coincide con quella attribuita alla missione aziendale: in questo contesto si parla della missione del singolo, mentre nella pianificazione strategica la missione aziendale è qualcosa di più ampio, dalla quale scaturiscono le direttrici di tutta quanta l'impresa. Inoltre, come il lettore avrà notato, non si parla di alcuna organizzazione o impresa nella definizione dei compiti. Il motivo è presto detto: una persona può decidere di iniziare singolarmente un'iniziativa contro il vostro progetto, senza necessariamente appartenere ad organizzazioni "ufficiali".

STAKEHOLDER INTERNI

Gli stakeholder interni appartengono all'azienda od organizzazione che deve realizzare il progetto. Le persone che lavorano come consulenti, quindi, devono essere considerati degli stakeholder esterni, perché hanno un diverso interesse nel raggiungimento degli obiettivi di progetto. Infatti, un consulente, se il progetto non va a buon fine, può continuare a lavorare per la propria società, senza averne alcun impatto professionale. La figura 2.1 mostra i tipici stakeholder interni, che andiamo a descrivere nei prossimi capitoli.

IL PERSONALE DI PROGETTO

I primi da considerare come stakeholder sono le persone dell'organizzazione di progetto. Hanno, infatti, un interesse nei confronti del progetto, presumibilmente positivo perché dalla buona riuscita di quest'ultimo dovrebbe dipendere la carriera di ognuno (ed in alcuni casi anche il futuro dell'azienda stessa). Le principali figure presenti nei progetti sono le seguenti:

- **Project Manager** Il project manager, come abbiamo visto, è il responsabile della conduzione e dei risultati del progetto. In alcuni casi, è individuata una figura, chiamata *Deputy Project Manager*, che sostituisce il Project manager su richiesta di quest'ultimo.

- **Project Controller** Ha il compito di controllare l'andamento del progetto, e riporta direttamente al Project Manager. Acquisisce tutti i dati di costi e previsioni temporali del progetto, li integra fornendo al project manager una tempistica aggiornata, con le previsioni di completamento e gli eventuali scostamenti rispetto al pianificato.

- **Responsabile della Qualità del progetto** Ha il compito di verificare che quanto realizzato sia in linea con quanto richiesto, nel rispetto delle procedure aziendali o di progetto alle fasi lavorative.

- **Responsabile del contratto** Fa rispettare i termini del contratto con il cliente e negozia con quest'ultimo gli aspetti contrattuali legati ai cambi al progetto.

- **Responsabile Gestione Rischi di progetto** Ha il compito di identificare, quantificare e gestire i rischi, interagendo con i team di progetto per l'identificazione, il monitoraggio e la risposta ai rischi.

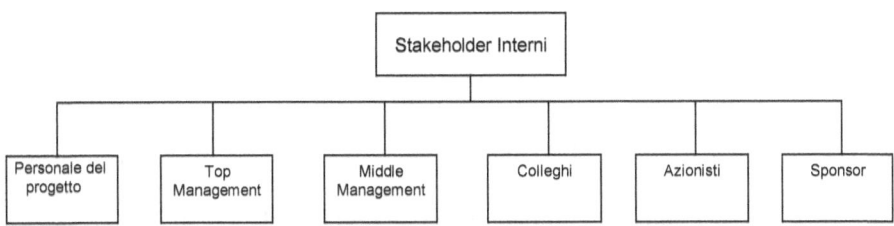

Figura 2.1 – Gli stakeholder interni

- **Contabile del Progetto** Ha il compito di fornire assistenza finanziaria al project manager, soprattutto per il pagamento dei fornitori, per l'emissione delle fatture e per gli incassi verso i clienti.

- **Direttore Tecnico di Progetto** Ha la responsabilità tecnica della conduzione e realizzazione dei lavori e, normalmente, è quello che gestisce un elevato numero di persone. Riporta direttamente al Project Manager e, in alcuni casi, può assumere nomi diversi (Project Engineer, Direttore dei lavori, Ingegnere Capo e così via).

- **Responsabile Collaudo** Ha il compito di verificare che le opere siano realizzate secondo quanto richiesto.
- **Field Manager** – Ha la responsabilità della installazione, della messa in opera e della manutenzione di quanto realizzato con il progetto.
- **Configuration Manager** – Ha il compito di identificare e documentare le caratteristiche dei vari prodotti, sia finali che intermedi, del progetto, garantendo che ogni prodotto sia fornito con le caratteristiche più recenti autorizzate dal progetto.
- **Marketing Officer** – Ha il compito di analizzare ed individuare i bisogni dei potenziali clienti, indicando le caratteristiche di un nuovo prodotto.

TOP MANAGEMENT

Il top management aziendale comprende le persone che gestiscono l'azienda e che dipendono dal Direttore Generale o dall'Amministratore Delegato[4]. Normalmente, hanno degli obiettivi aziendali complessivi da raggiungere. Gli interessi dei top manager sono differenti e variano da organizzazione ad organizzazione. In generale, però, possiamo individuare delle figure professionali che esistono, magari sotto nomi differenti, in tutti i tipi di organizzazione.

AMMINISTRATORE DELEGATO

L'amministratore delegato (chiamato in inglese Chairman Executive Officer o CEO) è colui che ha la responsabilità, anche legale, di quanto succede in azienda. Deve raggiungere gli obiettivi aziendali imposti dagli azionisti che, in aziende orientate al profitto, sono di natura economica e sono misurati con i risultati derivati dal bilancio aziendale. Ad esempio, è suo interesse che il progetto rispetti i piani di fatturazione e che non ecceda i costi assegnati. Più in generale, ha interesse che i progetti (e le attività aziendali) non abbiano impatti negativi sul bilancio aziendale. Pertanto, se non volete che il capo azienda diventi uno stakeholder negativo (con ripercussioni sulla vostra carriera), dovete garantire che i dati economici di progetto siano in linea con i piani: occorrerà anche informarlo, tramite le vie gerarchiche, anche di eventuali difficoltà e rischi del progetto, delle azioni di mitigazione e dei relativi costi. In alcuni contesti, vi possono essere più amministratori delegati, che rappresentano gli interessi dei singoli azionisti: ognuno di loro ha delle deleghe ben precise, individuate dal Consiglio di Amministrazione.

---

4 Anche queste due figure fanno, ovviamente, parte del top management aziendale.

DIRETTORE GENERALE

Il direttore generale risponde all'amministratore delegato ed è colui che gestisce l'azienda. In aziende di medie dimensioni, il direttore generale e l'amministratore delegato possono essere la stessa persona. Ha delle deleghe ben precise, ed a lui rispondono i top manager che descriveremo nel seguito. Ad ogni modo, alcune unità organizzative, come il marketing o le risorse umane, possono essere gestite direttamente dall'amministratore delegato invece che dal direttore generale.

La missione del Direttore Generale consiste nel garantire il funzionamento operativo dell'azienda. In generale, la strategia aziendale è elaborata dall'amministratore delegato e concordata con il consiglio d'amministrazione, mentre il direttore generale ha il compito di renderla operativa. Possono anche sorgere dei conflitti tra l'amministratore delegato e il direttore generale, soprattutto sui ruoli e le competenze. In questi casi, il consiglio di amministrazione dell'azienda indica (o dovrebbe indicare) chiaramente quali sono le missioni di entrambi, con i relativi limiti. Il progetto, secondo le aspettative di un direttore generale, non deve avere impatti negativi sulla vita dell'azienda. Un project manager protagonista di una "campagna acquisti" di personale qualificato, a scapito di altri progetti, potrebbe non essere visto di buon occhio dal direttore generale.

DIRETTORE PRODUZIONE

Il direttore di produzione gestisce tutto il personale tecnico di un'azienda, ed ha l'obiettivo di far sì che la produzione sia realizzata nel rispetto dei tempi e della qualità prevista, interagendo con le altre unità aziendali. In alcune aziende, la sua unità organizzativa può gestire direttamente i progetti, coordinando i vari project manager. Nelle società di servizi, il ruolo rimane ma con titoli differenti (direttore dell'ingegneria, direttore dei servizi, e così via) a causa dell'immaterialità delle prestazioni fornite da queste società.

La missione del direttore di produzione consiste nel gestire il personale tecnico dell'azienda, facendo rispettare sia le tempistiche previste che gli obiettivi assegnati. Come sempre, la vita non è agevole: gli obiettivi del direttore di produzione, e quindi dei suoi collaboratori, possono essere in contrasto con quelli di progetto. Un direttore di produzione ha un numero finito di risorse umane da impiegare, e la direzione generale può avergli dato l'obiettivo di far fronte a una moltitudine di progetti. Pertanto, il direttore di produzione ed i suoi collaboratori hanno il compito di condividere le risorse che gestiscono su più progetti: se un project manager vuole una persona a tempo pieno sul progetto, i responsabili della produzione, molto spesso, garantiscono solo un uso parziale delle risorse, condividendole con altri progetti. Ad esempio, una persona che il project manager vorrebbe che lavorasse solo sul progetto X, può dover lavorare contemporaneamente sia sul progetto Y che sul progetto Z. Le conseguenze sulla tempistica sono ovvie e, proprio per questo motivo, occorre coinvolgere le persone nella stesura del cronoprogramma del progetto sin dalle prime fasi. Se, come project manager, avete il vostro capo che dipende dal direttore della produzione, non siete in una posizione invidiabile: le vostre esigenze saranno perennemente in conflitto con quelle dei vostri collaboratori, e il vostro capo potrebbe chiedervi di "chiudere un occhio" (o entrambi) su situazioni critiche, mettendo a repentaglio il vostro progetto ma comunque "garantendovi" che non sarete penalizzati in fase di valutazione del vostro lavoro.

DIRETTORE COMMERCIALE

Ha la responsabilità di raggiungere gli obiettivi di vendita di un'azienda, stipulando contratti con i clienti e vincendo le gare di appalto. Se il vostro progetto ha un cliente che ha commissionato dei lavori, sicuramente la sua unità organizzativa è a conoscenza del vostro progetto, e con ogni probabilità ha avuto un ruolo chiave nel definire il contratto e nel definire il margine di profitto relativo. È a capo dell'unità commerciale.
Ha la responsabilità di raggiungere gli obiettivi di vendita di un'azienda, stipulando contratti con i clienti e vincendo le gare di appalto. Molti pensano che un direttore commerciale, acquisito il contratto di lavoro, si disinteressi del progetto. Non è così. Il direttore commerciale vede i suoi clienti come dei portatori di ordini futuri sui quali ha, molto probabilmente, obiettivi economici personali (in altre parole, più quattrini porta, più prende soldi). Per il direttore commerciale è di estrema importanza che il cliente sia soddisfatto del lavoro che state facendo. Se, al contrario, il project manager non ha buone relazioni con il cliente, ritarda le consegne e la qualità del lavoro è scadente, il direttore commerciale può entrare in gioco per cercare di convincervi a rimettere in carreggiata il progetto. Se non volete che diventi uno stakeholder negativo, fareste bene ad avere buone relazioni con i vostri clienti.

DIRETTORE ACQUSTI

Ha il compito di acquistare tutto ciò che serve all'azienda, siano essi beni o servizi. Dalla sua unità dipendono coloro che dovranno gestire i vostri fornitori. Deve raggiungere determinati obiettivi di risparmio dei costi, senza perdere di vista la qualità del prodotto o del servizio da acquistare.
Ha la missione di acquistare beni o servizi con la migliore qualità al miglior costo. Inoltre, gestisce i fornitori, e quindi anche quelli che avete nel vostro

progetto. La sua unità ha la missione di assicurare che i fornitori siano gestiti in maniera corretta e in accordo con le prassi del mercato. In altre parole, evitano che possano accadere delle "anomalie", con danno del fornitore e conseguente caduta di immagine aziendale. Nel caso di un progetto, i suoi collaboratori sono il braccio destro del project manager nel gestire i fornitori ed i subappaltatori, interagendo con gli altri tecnici. Se assegnate lavoro ai fornitori senza indire delle gare di appalto, il direttore degli acquisti diventerà uno stakeholder negativo. Senza tali gare, infatti, non garantite una trasparenza nella selezione delle aziende esterne (potreste scegliere un'azienda solo perché ne fa parte vostro nipote...) e questo può provocare delle distorsioni del mercato, viste sempre sfavorevolmente da chi lavora negli acquisti.

DIRETTORE LOGISTICA

Ha il compito di ricevere la merce ordinata dall'unità acquisti, metterla a disposizione della produzione e, d'accordo con l'unità commerciale, si occupa di consegnare quanto prodotto al cliente o a chi è indicato da quest'ultimo. È a capo dell'unità logistica e, in alcune aziende, è nella stessa unità organizzativa degli acquisti.
La missione del direttore della logistica consiste nel garantire che:
- La merce ordinata arrivi in azienda nei tempi richiesti;
- I prodotti siano consegnati ai clienti nei tempi e nelle modalità previste dai contratti o dalle normative internazionali di trasporto;
- La realizzazione, nei tempi e nei costi previsti, delle infrastrutture aziendali a supporto del progetto. Ad esempio, rientra nei suoi compiti la realizzazione di unità abitative per ospitare gli operai in zone impervie.

Come il lettore potrà immaginare, le sue attività sono estremamente delicate per il progetto e, più in generale, per l'azienda. I ritardi nella consegna o nella realizzazione di infrastrutture accessorie possono comportare il pagamento di penali oltre ad una caduta di immagine aziendale. Le attività devono, pertanto, incastrarsi in un piano dettagliato, con tempistiche precise. Per fare ciò, il project manager deve coinvolgerlo nella pianificazione del progetto.

DIRETTORE RISORSE UMANE

Ha il compito di reperire sul mercato del lavoro le persone richieste dalle varie unità, applicando le procedure di gestione delle persone. È a capo dell'unità risorse umane e la sua missione, oltre che reclutare nuovi assunti per il progetto, consiste nel far rispettare i contenuti dei contratti di lavoro vigenti. Il reperimento di risorse sul mercato del lavoro è un compito non semplice, e le aziende hanno delle procedure interne non sempre molto snelle. Pertanto, dovete pianificare, di concerto con il direttore delle risorse umane o con i suoi collaboratori, lo svolgimento dei colloqui e, soprattutto, le competenze che le persone intervistate devono possedere. Se non fornite questi input o non coinvolgete questa unità nella pianificazione, avrete sicuramente uno stakeholder negativo o, se siete fortunati, neutro.

DIRETTORE QUALITÀ

Il direttore della qualità ha il compito di garantire che la produzione e, più in generale, le varie unità aziendali, realizzino quanto previsto in linea con quanto richiesto e con le procedure interne. La sua missione consiste nel garantire che l'uscita dei prodotti o dei semilavorati del progetto sia conforme agli standard di qualità richiesti, sia interni che esterni. Deve essere considerato il braccio destro del project manager, proprio in virtù di questa sua funzione. Risponde direttamente al direttore generale, ed è un buon alleato nel caso di conflitti con la produzione o altre unità aziendali. Se opportunamente coinvolto, può essere uno stakeholder positivo.

DIRETTORE MARKETING

Ha il compito di creare il mercato dell'azienda, curando le relazioni esterne e la pubblicità. È a capo dell'unità marketing e può essere lo sponsor del progetto nel caso di realizzazione di nuovi prodotti Pretenderà dal vostro progetto la massima flessibilità nell'introdurre i cambiamenti richiesti dal mercato, oltre che dei tempi ristretti di esecuzione, in modo da ottenere un "time-to-market" adeguato alle sue aspettative. Attenzione, però: potrebbe tendere a scaricare gli eventuali insuccessi, anche se dovuti alla sua errata concezione del prodotto, su di voi e sul vostro team. Una figura equivalente è il responsabile della linea di prodotto, che cura l'ideazione, realizzazione e commercializzazione di prodotti aziendali.

MIDDLE MANAGEMENT

Sono coloro che rispondono direttamente al top management o che gestiscono delle persone all'interno delle unità organizzative dei top manager. La tipologia del middle management è molto variegata, e difficilmente classificabile, a differenza del top management, in funzioni aziendali universalmente adottate. Vedremo, però, nella fase di analisi, che le dinamiche ed i bisogni di questi stakeholder sono molto simili.

La missione del middle management è simile, per certi versi, a quella del top management. La differenza principale è che nelle aziende anche i project manager sono considerati middle management e, pertanto, sono in competizione per aumenti di stipendio e carriera con gli altri "middle managers". Alcuni potrebbero essere restii nel fornirvi completamente il loro aiuto, pensando (erroneamente) che un vostro successo andrebbe a loro detrimento[5]. Indipendentemente da aspetti carrieristici, i middle manager devono rendere conto ai propri capi, ed hanno anche loro degli obiettivi da raggiungere, spesso in contrasto con le risorse loro assegnate. Pertanto, a volte non potrebbero fornire al progetto le risorse richieste, sia umane che di strumentazione. È importante, quindi, coinvolgerli nella pianificazione[6]: se il project manager o i suoi collaboratori non lo fanno, potrebbero trovarsi degli stakeholder negativi all'interno dell'azienda, in quanto il progetto va contro gli interessi della loro organizzazione.

I COLLEGHI

Anche coloro che lavorano in azienda e non partecipano al progetto possono essere degli stakeholder. Si pensi, ad esempio, ad un progetto di un nuovo prodotto che porterà, quando realizzato, alla creazione di una nuova divisione creata ad hoc per loro: avranno tutto l'interesse affinché il progetto vada a buon fine. Altre volte possono esserci delle persone che non rientrano nell'organigramma aziendale o di progetto, ma che possono avere un interesse. Queste persone possono essere:

- *Colleghi del project manager*. La competizione per le risorse (e per la carriera) è sempre viva nelle aziende, soprattutto quando le persone o le risorse monetarie sono scarse (ad esempio, quando ci sono più progetti per la realizzazione di prodotti). Dei colleghi potrebbero volere nel loro team delle persone che voi ritenete importanti per le vostre attività e, nel fare questo, possono infischiarsene del vostro progetto, cercando di elaborare strategie (ad esempio parlare con i capi o con le persone interessate, promettendo a quest'ultime posizioni lavorative più attraenti) per garantirsi che le persone migliori lavorino con loro. D'altra parte, il

---

[5] Nelle aziende il budget per premi di produzione ed aumenti di stipendio è limitato e il top management deve soddisfare tutti i propri collaboratori. Un aumento di stipendio assegnato a voi significa minor denaro da assegnare ad altri,.

[6] Alcune aziende ben strutturate hanno delle procedure in cui la pianificazione di progetto è rivista sistematicamente dai capi delle persone che lavorano per il progetto. In questo modo, durante la fase di esecuzione non possono esserci alibi per non fornire le risorse richieste. Inoltre, in caso di eventuali conflitti, il top management potrà decidere il da farsi.

non avere le persone necessarie potrebbe comportare dei ritardi nell'esecuzione del vostro progetto, con ovvie ripercussioni sulla vostra carriera, a vantaggio di quella del vostro collega. Questo ragionamento si estende anche ad altre risorse (computer, macchinari, e così via). I capi azienda, in questi casi, dovrebbero mediare per il meglio. Si tratta, però, di un processo di negoziazione che, per poter essere win-to-win, deve accontentare tutti scontentando un pò tutti quanti. Pertanto, la soluzione per voi più utile non sempre è quella che prevale in questo tipo di scenari: dovete prepararvi a negoziare.

– *Persone che hanno lavorato nella fase propedeutica al progetto.* Alcuni progetti (ad esempio, quelli vinti con una gara d'appalto o commissionati direttamente) derivano da una fase in cui è preparata ed inviata un'*offerta* a chi vi ha richiesto il lavoro. In quest'offerta è indicata la soluzione che si intende realizzare, i costi che chi la commissiona deve sopportare, come sarà gestito il progetto, e così via. L'offerta è elaborata da un team in cui alcuni sviluppano le soluzioni tecniche, altre persone individuano i costi e verificano la fattibilità del progetto, della tempistica, e così via. Qualcuno di loro potrebbe aver considerato il progetto non fattibile ma averlo comunque proposto sotto pressione del top management. In questo caso, se ha l'autorità, potrebbe evitare di fornire le risorse richieste proprio per la sua scarsa convinzione della bontà della scelta. Analogamente occorre ragionare nel caso di un progetto interno, non soggetto a contratto.

– *Colleghi dei collaboratori di progetto.* Anche queste persone sono come i colleghi del project manager e, pertanto, le dinamiche sono simili. Possono avere obiettivi lavorativi e di carriera in contrasto con quelli delle persone che il project manager coordina. Pertanto, le dinamiche che possono verificarsi sono simili analizzate per il project manager. Qui, però, il project manager deve difendere le proprie persone da questi giochi di potere, tramite il coinvolgimento dei rispettivi capi.

LO SPONSOR

Lo sponsor è colei o colui che ha fortemente voluto il progetto all'interno dell'azienda. Può essere il vostro capo, l'amministratore delegato o la direttrice del marketing oppure il direttore commerciale che ha portato il contratto. Caldeggia la realizzazione del progetto all'interno dell'azienda. Proprio per questo, è sicuramente uno stakeholder positivo.

GLI AZIONISTI

Questi stakeholder sono spesso trascurati, erroneamente, dai project manager. Gli azionisti hanno interessi anche all'esterno dell'azienda, che non sempre sono rispecchiati negli obiettivi dati all'amministratore delegato tramite il consiglio di amministrazione. Ad esempio, potrebbero volere che si usi la loro azienda all'interno del progetto, piuttosto che aziende loro concorrenti. Il project manager deve, quindi, considerare anche le loro esigenze e regolarsi di conseguenza.

STAKEHOLDER ESTERNI

Gli stakeholder esterni sono coloro che non fanno parte dell'azienda realizzatrice del progetto. A volte, si pensa che il cliente possa essere l'unico stakeholder da considerare, in quanto è la persona con cui il project manager interagisce quotidianamente. Purtroppo, non è così. Vi sono molte persone e organizzazioni che possono avere interessi negativi nei confronti del progetto. Analogamente, possono esserci stakeholder esterni che guardano favorevolmente il progetto. Gli stakeholder esterni hanno la caratteristica di essere difficilmente controllabili. Possono coalizzarsi a favore o contro il progetto: quest'ultima ipotesi deve essere evitata dal project manager. La figura 2.2 mostra i vari tipi di stakeholder esterni: li analizzeremo ciascuno nei prossimi paragrafi.

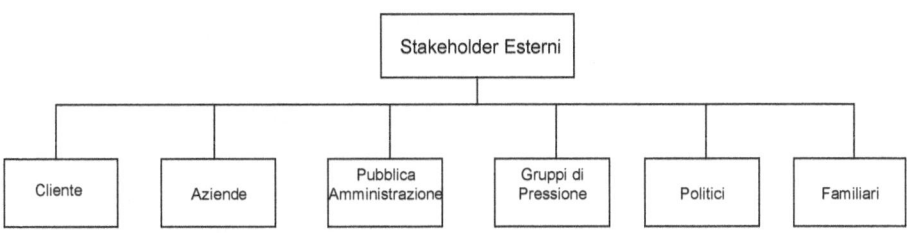

Figura 2.2 – Gli stakeholder esterni

IL CLIENTE

L'azienda esterna che commissiona il lavoro è chiamato *cliente* o *committente*. Esiste un documento, chiamato *contratto*, che descrive quali sono gli obblighi della vostra azienda e del cliente: le attività di progetto possono iniziare in assenza del contratto, ma con l'autorizzazione del top management aziendale. Gli stakeholder, in questo caso, sono tutte le persone dell'azienda committente che hanno un interesse al progetto. Attenzione però: non sono soltanto le persone con cui interagisce il project office. Infatti, la struttura interna dell'azienda committente avrà ruoli di management analoghi a quelli della vostra azienda. Ognuno di questi può esser portatore di interessi nei confronti del progetto, come vedremo nel prossimo capitolo, quando ci occuperemo dell'analisi degli stakeholder. Il project manager ed il suo staff dovrà interagire con queste persone, che sono i suoi clienti principali. Non dovrà dimenticare, però, che all'interno dell'azienda committente vi sono anche altri stakeholder da considerare, che hanno interesse al progetto, anche se non operano direttamente per la sua realizzazione. Ecco alcuni esempi:

– Il responsabile amministrativo del cliente che, per poter emettere una fattura nei confronti del cliente finale, deve ricevere la vostra fattura;

– Un ingegnere, che userà il macchinario che dovete realizzare, probabilmente si aspetterà un buon manuale e facilità d'uso: in assenza di queste caratteristiche potrebbe diventare uno stakeholder negativo.

Per questi stakeholder valgono le stesse dinamiche descritte per gli stakeholder interni. Inoltre, una persona che ricopre un determinato ruolo all'interno dell'azienda committente potrebbe preferire un'altra azienda alla vostra e, quindi, potrebbe essere uno stakeholder negativo. Il project manager dovrà capire immediatamente eventuali conflitti interni al cliente e comportarsi di conseguenza, alimentando l'alleanza con gli stakeholder positivi, proattivi o neutri del cliente. Se il cliente non è soddisfatto dell'andamento del progetto, potrà diventare uno stakeholder negativo, con le conseguenze del caso nei confronti della vostra azienda e della vostra carriera[7].

ALTRE AZIENDE

Altre aziende con interesse nel vostro progetto sono le ditte fornitrici e le aziende concorrenti. Le ditte fornitrici hanno delle persone che interagiscono con la vostra struttura di progetto. Le uniche persone che cui dovrete relazionare sono queste, ed eventuali dinamiche aziendali interne alle ditte fornitrici possono non interessarvi, poiché il rapporto con i fornitori è regolato da un contratto: la non ottemperanza di quest'ultimo può

---

[7] Questa affermazione può sembrare banale, e quindi inutile in un libro. In realtà, questa "banale" affermazione non sempre viene seguita dai project manager, dimenticando spesso che è il cliente (e non l'azienda) al centro dell'attenzione.

comportare il pagamento di denaro per compensare i disagi subiti. Le ditte concorrenti sono, al contrario, interessate a "rubarvi" il lavoro. Potrebbero tentare di denigrare il vostro operato, cercare di farsi assegnare le attività tramite una partnership, accordarsi con alcuni vostri fornitori.

PUBBLICA AMMINISTRAZIONE

La Pubblica Amministrazione include tutto quanto ha che fare con il funzionamento dello Stato (ad esempio i Comuni, le Province, le Regioni, i Ministeri, gli Ospedali). La Pubblica Amministrazione deve salvaguardare i cittadini e, pertanto, va consultata ed informata se ritenete che i progetti hanno un impatto sul territorio o sui cittadini. Anche se non è un vostro cliente o il committente finale, la Pubblica Amministrazione può essere interessata al vostro progetto. Ecco alcuni esempi:

- La costruzione di una centrale elettrica comporta la necessità di un'analisi degli impatti ambientali. Pertanto, occorrerà interagire con la Pubblica Amministrazione per preparare la documentazione necessaria;
- Per tenere un festival canoro in una determinata località, occorrerà avere il permesso da parte delle autorità comunali;
- Le riprese delle scene di un film necessitano del permesso delle autorità comunali.

La Pubblica Amministrazione nomina dei *Responsabili di Procedimento*, con i quali dovrete interagire.

GRUPPI DI PRESSIONE

I gruppi di pressione sono organizzazioni spontanee o strutturate che possono influenzare il progetto. Esempi di gruppi di pressione sono:

- Comitati di cittadini che vedono il progetto come una minaccia, ad esempio per la propria salute o stabilità economica-occupazionale. I commercianti che si coalizzano contro la realizzazione di un centro commerciale o i cittadini che non vogliono la realizzazione di una discarica, sono dei gruppi di pressione;
- Gruppi ambientalisti, se ritengono che un progetto possa avere un forte impatto ambientale;
- Sindacati, se il progetto ha effetti occupazionali. Ad esempio, i sindacati potrebbero ostacolare un progetto di acquisizione di un'altra azienda senza precise garanzie sul mantenimento del posto di lavoro;
- Organizzazioni professionali di categoria. Esempi di queste organizzazioni sono la Confindustria, Federmeccanica e così via;

- Organizzazioni di piccole industrie locali, desiderose di avere delle attività legate al progetto nel proprio territorio;
- Organizzazioni di industrie specifiche, come le organizzazioni di settore per le Piccole e Medie Imprese;
- Partiti politici, che potrebbero volere una maggiore presenza nel progetto di aziende del loro territorio.

Questi gruppi possono cercare di avere un'influenza, positiva o negativa, sul progetto, in funzione delle loro esigenze.

POLITICI

Le persone che hanno incarichi politici (ad esempio un Sindaco, un Onorevole, un Presidente di Regione o di Provincia) svolgono il loro mandato solo in un fissato periodo di tempo e, pertanto, non vanno confusi con la Pubblica Amministrazione, il cui personale è invece stabile. La realizzazione di un'opera pubblica è supervisionata dal personale della Pubblica Amministrazione, ma può essere voluta da un politico. I politici possono avere interessi particolari nei confronti del vostro progetto, legati sia all'utilità per i cittadini che a necessità elettoralistiche. Eventuali ritardi, problemi tecnici oppure ogni problema legato alla realizzazione potrebbe ledere l'immagine del politico (o dei politici) che l'ha fortemente voluta, e sottoporlo ad attacchi dai suoi avversari. Pertanto, è importante non sottovalutare questi aspetti, quando si pianifica il progetto.

FAMIGLIE

Anche le famiglie delle persone che lavorano sul progetto sono degli stakeholder. Un buon ambiente di lavoro può avere un effetto positivo sulle famiglie e sui rapporti familiari.

COME IDENTIFICARLI ?

Le categorie degli stakeholder sono utili per poter individuare le persone che hanno interessi nei confronti del progetto. Ad ogni modo, quest'informazione da sola non è sufficiente, perché occorre:
- Individuare chiaramente le persone che hanno un interesse al progetto. Bisogna poter dar loro un nome e cognome, oltre che associare il ruolo che svolgono nella loro professione o gruppo di appartenenza;

- Captare i loro bisogni, in modo da armonizzarli all'interno del progetto, per quanto possibile. Immaginate un politico che vuole che il progetto termini in tempi utili per poterlo usare in campagna elettorale;
- Scoprire la loro posizione nei confronti del progetto. Un vostro collega che vi ha preceduto e che ha vissuto la sostituzione come un oltraggio alla propria professionalità, potrebbe vedervi sfavorevolmente: Pertanto, potrebbe avere un interesse negativo nel progetto, proprio perché lo ha nei vostri confronti. Non identificarlo come stakeholder sarebbe estremamente pericoloso.

Il project manager deve non solo individuare *chi* sono gli stakeholder, ma deve anche ottenere informazioni utili ad una loro classificazione in termini di proattività, positività, neutralità e negatività. Sapere che una determinata persona dell'azienda committente è lo stakeholder cui fare riferimento non è sufficiente. Questa persona potrebbe, per svariati motivi, volere un'altra ditta al posto della vostra: potrebbe essere, quindi, uno stakeholder negativo o neutro, non positivo o proattivo. Per individuare gli stakeholder e le relative informazioni, si deve procedere con l'analisi:
- Della documentazione disponibile. Chiameremo quest'attività *Analisi dei Vincoli Iniziali del Progetto*.
- Degli eventi che hanno condotto alla partenza del progetto. Chiameremo tale attività *Analisi di Contesto*.

I VINCOLI DI PROGETTO

Il project manager, nella fase iniziale, deve esaminare la documentazione disponibile, sia per capire l'ambito del progetto che per individuare gli stakeholder. La documentazione da analizzare varia in funzione dell'origine esterna o interna del progetto. Nel primo caso esiste, come abbiamo visto, un contratto che descrive quali sono gli obblighi della vostra azienda e del cliente che vi ha commissionato il lavoro. Le attività di progetto possono iniziare anche in assenza di contratto, se autorizzate dal top management (in questo caso avete già individuato in quest'ultimi degli stakeholder).
La figura 2.3 mostra un elenco di domande per individuare gli stakeholder. Anche nel caso di un progetto interno alla propria azienda, il project manager deve procurarsi tutti i documenti, in particolare quelli collegati alla decisione di intraprendere il progetto. L'analisi di questa documentazione sarà più complessa, poiché gli obblighi da soddisfare non trovano una descrizione formale in un contratto e, pertanto, devono essere dedotti. Aziende strutturate usano, per progetti interni, degli standard in materia di documentazione da produrre, che potrebbero, però, non essere esaustivi. Ad esempio, la volontà di realizzare un prodotto deve aver comportato la realizzazione di un

business plan[8] che, a volte, può non essere immediatamente fruibile per motivi di riservatezza aziendale. La figura 2.4 mostra domande utili per l'individuazione degli stakeholder in questi casi. Si noti che alcune domande, come quelle sulla non fattibilità del progetto o su eventuali vostri predecessori, possono essere formulate anche per progetti con cliente esterno.

Sono indicati i nomi delle persone cui fare riferimento per la durata del progetto?

Esistono delle possibilità di proseguimento del lavoro o di altri progetti simili che richiedono un intervento della struttura commerciale dell'azienda?

Quali sono le unità organizzative da coinvolgere nelle varie fasi del progetto?

Le date di completamento del progetto e le eventuali date intermedie sono collegate con il pagamento che l'Amministrazione deve richiedere?

Sono previste delle conoscenze particolari non note all'interno dell'azienda che richiedono l'intervento di esperti esterni da reperire sul mercato?

L'area degli Affari Legali deve essere coinvolta per analizzare le eventuali penali previste in caso di non ottemperanza del contratto?

Vi sono delle richieste di competenze che richiedono nuove assunzioni e, quindi, il coinvolgimento dell'Unità Organizzativa delle Risorse Umane?

Il cliente ha chiesto di far lavorare sul progetto, in determinati ruoli, delle ben identificate persone dell'azienda ? Se sì, perché?

Sono segnalate delle aziende esterne da usare per determinate competenze?

Il contratto prevede l'uso di prodotti di particolari aziende?

Figura 2.3 – Domande nel caso di cliente esterno

---

[8] Il business plan o piano industriale è un documento che indica le strategie aziendali in termini di prezzi, ricavi, costi, volumi di vendita previsti, analisi di mercato, scelte operative, di produzione e così via.

Esistono persone dell'organizzazione che possono ostacolare l'integrazione di un futuro team di progetto?

Chi ha svolto le attività propedeutiche alla realizzazione del progetto? Sono state svolte dalle organizzazioni interne preposte? Se no, perché?

Qualcuno ha individuato qualcosa di non previsto che potrebbe comportare problemi nel raggiungimento degli obiettivi economici e di tempistica?

Alcuni colleghi consideravano infattibile il progetto o la relativa tempistica? Qualcuno ha esercitato pressioni per anticipare la data di completamento o per migliorare gli obiettivi economici?

Alcuni colleghi hanno espresso dubbi sui costi di realizzazione o sugli obiettivi economici? Il top management aziendale ne è a conoscenza?

Qualcuno ha imposto la partecipazione di determinate persone? Se sì, perché?

E' stata realizzata un'analisi degli impatti ambientali del progetto? Se no, perché?

Le organizzazioni preposte alla realizzazione hanno un interesse al progetto o lo vedono come un ostacolo alla loro attività?

Le conoscenze e gli strumenti necessari per realizzare il progetto sono presenti in azienda?

Le persone che hanno partecipato nelle fasi propedeutiche al progetto sono coinvolte nella realizzazione? Se no, perché?

Esistono dei conflitti nel top management sulla bontà del progetto?

Le persone coinvolte nella fase propedeutica ritengono fattibili gli obiettivi di progetto?

Prima di voi, esisteva un altro project manager? Se sì, perché gli siete stato preferito?

Figura 2.4 – Domande nel caso di progetto interno

GLI ABILITATORI

Un progetto ha sempre una storia che ne giustifica l'esecuzione. Chiameremo *abilitatore* tutto ciò che ha contribuito a richiedere l'esecuzione del progetto. La necessità di un progetto può derivare, ad esempio, dal dover:
- Sviluppare un prodotto. In questo caso l'abilitatore è la decisione aziendale di svilupparlo, e gli stakeholder sono tutti colori che hanno mostrato un interesse (positivo o negativo) nei confronti dell'idea progettuale.

- Ottemperare agli obblighi di un contratto ottenuto da una ditta, un'azienda o un ente pubblico oppure in un partenariato con altre ditte. In questo caso gli abilitatori possono essere più d'uno: la decisione dipartecipare alla gara, l'offerta presentata, gli accordi con gli altri partner, e così via.
- Realizzare un grande progetto pubblico o privato in cui siete designati project manager in ruolo di consulenza (ad esempio le Olimpiadi o un festival canoro). In questo caso, l'abilitatore è la decisione politica di realizzare il progetto pubblico, oltre alla decisione amministrativa. Gli stakeholder possono essere, oltre ai responsabili del procedimento, i politici locali oppure gli imprenditori locali che sperano di fare affari con la vostra azienda.
- Dover partecipare ad una campagna elettorale. In questo caso, l'evento abilitatore è l'aver deciso di candidarsi alle elezioni in una determinata zona.

L'analisi di contesto è, pertanto, l'analisi degli abilitatori. Quest'ultima individua i fattori che hanno influenzato la decisione di realizzare il progetto ed è uno strumento utile per identificare gli stakeholder. Chiariamone il motivo con degli esempi:
- Per acquisire un contratto possono essere state promesse delle tempistiche irrealistiche, contestate da chi ha svolto internamente le analisi preliminari. Quest'ultimi possono aver espresso le loro perplessità sulla decisione di realizzare il progetto, e occorre comprenderne le ragioni. Sono, pertanto, degli stakeholder importanti.
- Il progetto è iniziato per volontà di un'unità aziendale, ma è stato osteggiato dal vostro capo. In questo caso, potreste incorrere in seri problemi se quest'ultimo ritiene il progetto una perdita di tempo. Ad esempio, potrebbe non volervi assegnare risorse oppure chiedervi di lavorare principalmente su altri progetti. Il vostro capo, e non solo chi ha deciso di realizzare il vostro progetto, è uno stakeholder.

IDENTIFICAZIONE DEGLI ABILITATORI

La figura 2.5 mostra la tassonomia degli abilitatori. Analizziamola in dettaglio.

Organizzazione Interna. Alcuni abilitatori possono essere identificati all'interno dell'organizzazione cui appartiene il project manager. Si pensi ad un progetto interno voluto dal Direttore Generale o un progetto per la realizzazione di un prototipo di un prodotto.

Organizzazione Esterna. Un'azienda esterna o un ente pubblico può aver richiesto la realizzazione del progetto. Nel descrivere la tassonomia degli stakeholder (vedi figura 2.2), abbiamo parlato ampiamente delle figure coinvolte con le aziende esterne. Occorre tener ben presente, però, le dinamiche interne all'organizzazione del committente. Ad esempio, se il vostro interlocutore è sostituito perché considerato "troppo morbido" con i suoi fornitori, state pur certi che il nuovo venuto cercherà di dimostrare che quanto è stato fatto dal suo predecessore non serve a nulla, e che lui invece salverà il progetto. Con ogni probabilità, effettuerà dei controlli sul vostro operato.

Politica. La realizzazione di un progetto può essere una decisione politica. Esempi sono il Programma Apollo per andare sulla Luna, ma anche un progetto che un Sindaco o un Amministratore vuole realizzare per determinati motivi (ambientali, di sviluppo economico, e così via). Il politico non decide chi deve svolgere i lavori, perché la Pubblica Amministrazione provvederà ad assegnarli. Le sue vere necessità non traspariranno dalla documentazione fornita per partecipare ad una gara d'appalto. Si pensi alla visione di Kennedy per il Programma Apollo: la sua idea di dare agli Stati Uniti la supremazia nel campo spaziale non traspariva dagli aridi documenti di progetto, ma era considerata da tutta l'industria americana (e non solo). Il project manager, pertanto, dovrà individuare i bisogni politici inespressi, trasmettendone i valori ai propri collaboratori. In questo caso, i politici, favorevoli e contrari al progetto, sono degli stakeholder. I primi avranno una visione positiva del progetto, mentre i secondi possono cercare di denigrarlo, indipendentemente dalla sua bontà, per puri scopi elettorali.

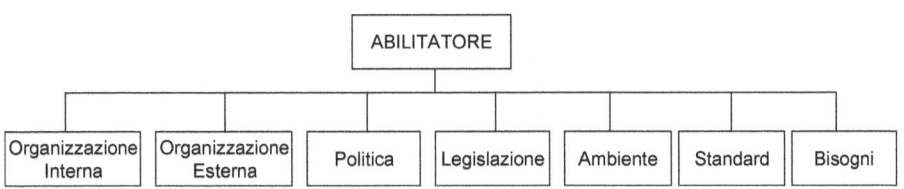

Figura 2.5 – Tassonomia degli abilitatori

Legislazione. Il legislatore può emanare delle leggi che costringono le organizzazioni ad intraprendere dei progetti. Alcuni esempi sono:
- Gli aggiornamenti che le industrie di telecomunicazioni devono apportare ai propri sistemi informativi;
- I cambi della modulistica delle banche a valle di un cambio delle leggi;
- L'adeguamento a nuove norme di sicurezza.

In questo caso, gli stakeholder da considerare sono quelli interni che hanno imposto la realizzazione del progetto.

Ambiente. Progetti per il rispetto dell'ambiente, non derivati da necessità di adeguamento a leggi, possono essere intrapresi per rispondere ad una crescente sensibilizzazione alle tematiche ambientali. Un'azienda potrebbe, ad esempio, decidere di:

- Piantare degli alberi in un comune che ne è sprovvisto per rinforzare la propria immagine di azienda che aiuta le comunità locali;
- Trasformare impianti inquinanti, per rispondere alle pressioni di gruppi ambientalisti.

Alcuni stakeholder sono, quindi, le entità (ambientalisti, comunità locale, politici, e così via) che hanno dei bisogni ambientali, sia inespressi (vedi l'esempio degli alberi) che espressi (vedi i gruppi ambientalisti).

Standard. Un'organizzazione può avere la necessità di adeguare i propri prodotti o processi aziendali a degli standard. Le motivazioni possono essere le più varie:

- Adeguarsi alle evoluzioni tecnologiche per non perdere quote di mercato;
- Uno standard può essere richiesto da alcune pubbliche amministrazioni o aziende per poter partecipare a gare d'appalto;
- L'aderenza allo standard garantisce un risparmio di costi nei processi interni.

In questo caso, alcuni stakeholder sono sia la persona dell'Unità Organizzativa Qualità che deve verificare l'introduzione dello standard sia il top management che ne ha caldeggiato l'adozione.

Bisogni. Tutti i progetti hanno dei bisogni, sia espressi che inespressi. Un amministratore delegato può aver deciso di intraprendere un progetto per diminuire i costi aziendali: se il vostro progetto li incrementa, non sarà certo soddisfatto del vostro operato. Un capo di unità può intravedere nel vostro progetto la possibilità di migliorare la tecnologia oppure di addestrare i suoi collaboratori. Tali bisogni portano queste persone ad essere degli stakeholder. L'identificazione di bisogni interni, collegati al progetto sia in maniera positiva che negativa, devono essere attentamente identificati dal project manager, in modo da individuare gli stakeholder relativi.

GLI STAKEHOLDER DEL CASO DI STUDIO

Applichiamo quanto appreso in questo capitolo al nostro caso di studio. Procediamo con l'identificazione degli stakeholder interni:

- Il Direttore Generale. In questo caso, l'interesse per il progetto non è solo istituzionale, dovuto cioè al suo ruolo in azienda. Infatti, il direttore generale ha imposto il nome del project manager ed è anche, cosa non di poco conto, amico del Sindaco del Comune che ha voluto questo progetto;

–   Mario, ovviamente, come project manager;

–   Il Capo dei Programmi. È interessato alla riuscita del progetto e alla correttezza dell'operato del project manager. In questo caso, il capo dei programmi potrebbe essere indispettito dalla forzatura del Direttore Generale;

–   Il Capo dell'Produzione;

–   Le persone che lavoreranno sul progetto;

–   Il capo dell'Unità Servizi Generali. Ha un interesse al progetto perché ipotizza che sarà la sua unità a gestire il parco giochi, quando realizzato.

–   Bruno, cioè colui che, secondo il Capo dei Programmi, avrebbe dovuto gestire tutto il progetto al posto di Mario. Il lettore non deve stupirsi se consideriamo anche questo collega di Mario tra le persone che hanno un interesse al progetto. Infatti, Bruno potrebbe essersi risentito per una scelta che non condivide e che pensa potrebbe avere impatti sulla sua carriera. Ragionando cinicamente, potrebbe anche augurarsi che il progetto vada male all'inizio, e quindi richiamino lui a gestirlo.

Gli stakeholder esterni sono:

–   L'amministrazione comunale, che è il cliente del progetto;

–   Il Sindaco. Ha voluto fortemente il progetto, e richiede uno stretto rispetto dei tempi, essenzialmente per motivi elettorali;

–   Il parlamentare, per gli stessi motivi del sindaco;

–   I proprietari dei terreni. Se il progetto non si realizzasse, potrebbero riavere i loro terreni e rivenderli a prezzi che considerano più adeguati;

–   Le organizzazioni ambientaliste;

–   L'azienda concorrente che ha fatto ricorso.

Gli stakeholder, come si vede da quest'esempio, non sono soltanto il cliente ed il management interno, ma anche attori esterni che hanno un interesse al progetto, non sempre positivo. Le dinamiche aziendali, i contesti sociali e gruppi di pressione esterni giocano un ruolo fondamentale nei progetti, e non considerarli potrebbe comprometterne il successo o, quanto meno, il mancato raggiungimento degli obiettivi.

CAPITOLO TERZO

ANALISI

CONCETTI FONDAMENTALI

Il project manager ha identificato gli stakeholder. Sa quali sono, a quali organizzazioni appartengono e, soprattutto, li ha identificati con nome e cognome. Il passo successivo consiste nel comprendere quali sono le loro necessità. In altre parole, occorre comprenderne i *bisogni* collegabili al progetto. Successivamente, occorrerà determinare la *tipologia* di ogni stakeholder: positiva, proattiva, neutra o negativa. Infine, un'analisi completa non può prescindere dall'aver compreso l'influenza che può avere lo stakeholder e quanto le alleanze di quest'ultimo possono mettere a repentaglio l'andamento del progetto. Più in generale, occorre analizzare i *punti di forza e debolezza* dei singoli stakeholder, di cui le alleanze e le influenze sono alcuni elementi. Queste analisi sono importanti per poter comprendere in quale tipologia va inquadrato lo stakeholder oggetto di analisi: positivo, proattivo o altro. Nei paragrafi seguenti tratteremo ognuno di questi punti.

IL CONTESTO AMBIENTALE

La prima fase consiste in un'analisi del *contesto ambientale* in cui operano gli stakeholder. Innanzitutto, partiamo da una definizione di cosa intendiamo per contesto ambientale:

Il Contesto Ambientale è l'insieme delle relazioni, dei vincoli operativi, dei bisogni e della missione di uno stakeholder.

Ogni stakeholder può avere delle relazioni con altre persone od organizzazioni potenzialmente interessate al progetto, e quindi potenziali stakeholder. Un modello che descrive queste dinamiche è mostrato in figura 3.1. Oltre agli stakeholder già noti, che sono suddivisi nei quattro tipi, il modello considera gli stakeholder potenziali. Quest'ultimi sono tutti coloro che possono diventare degli stakeholder tramite l'influenza di uno o più stakeholder già noti.

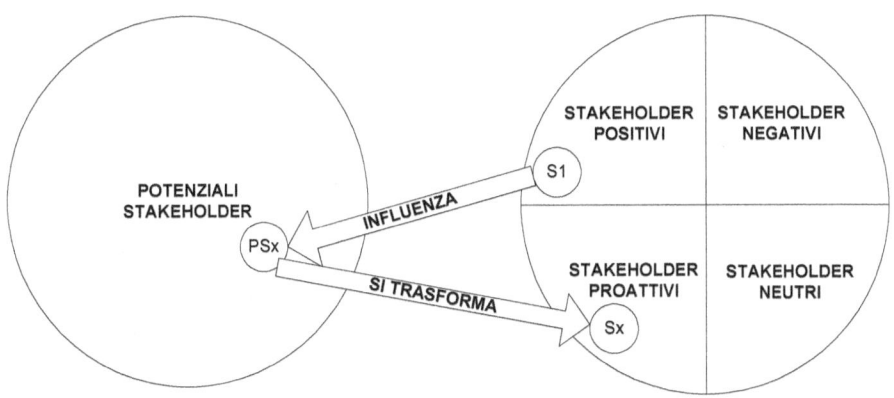

Figura 3.1 – Modello delle dinamiche relazionali degli stakeholder

Nel nostro esempio, lo stakeholder positivo S1 esercita la sua influenza sul potenziale stakeholder PSx che, a fronte di un suo interesse al progetto, diventa uno stakeholder proattivo Sx, passando dall'insieme dei potenziali stakeholder a quello degli stakeholder proattivi. Si noti come l'influenza di uno stakeholder di un determinato tipo non trasforma necessariamente un potenziale stakeholder in uno stakeholder dello stesso tipo di chi lo ha influenzato. Nel nostro caso, uno stakeholder positivo ha generato uno stakeholder proattivo. Il modello suggerisce che le trasformazioni possono avvenire anche all'interno dell'insieme degli stakeholder. Un esempio è mostrato in figura 3.2. Qui uno stakeholder positivo S1 esercita la sua influenza su uno stakeholder negativo Sx che si trasforma in uno stakeholder neutro: lo stato finale consisterà nell'aggiungere uno stakeholder neutro e nell'aver eliminato uno stakeholder negativo. Le possibilità sono, come si può immaginare, innumerevoli ed *il project manager deve favorire le relazioni tra stakeholder per massimizzare il numero di stakeholder favorevoli al progetto, minimizzando il numero di stakeholder negativi.* Caliamo il nostro modello nella realtà con degli esempi:

- Un gruppo di pressione A, stakeholder negativo, può convincere un altro gruppo di pressione B a sostenerlo nella lotta al progetto in cambio di analogo aiuto su altre iniziative. In questo caso B si trasforma da potenziale stakeholder in stakeholder negativo;
- Un direttore generale riluttante a finanziare un progetto per un nuovo prodotto, può essere convinto se qualcuno (ad esempio il

direttore del marketing) dimostra che il prodotto risultante porterà nuovi ordini ed incrementerà il fatturato dell'azienda.

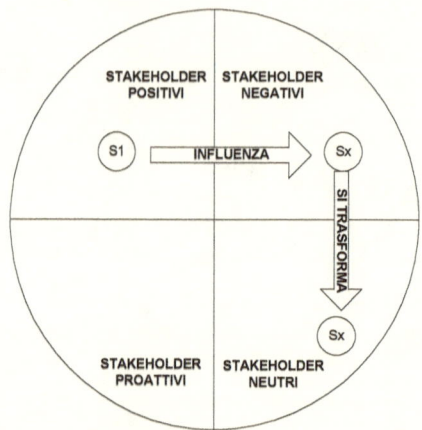

Figura 3.2 – Effetto delle relazioni tra stakeholder

Si comprende bene l'importanza di analizzare le relazioni all'interno del contesto ambientale: uno stakeholder può contribuire a far emergere dei potenziali stakeholder oppure può influenzare positivamente o negativamente altri stakeholder.

I vincoli operativi che occorre analizzare sono:

- **Le procedure**. Le organizzazioni cui appartengono gli stakeholder possono avere delle procedure interne che comportano delle attività specifiche, e quindi anche comportamenti nei confronti del vostro progetto. Un'analisi delle procedure può aiutare a prevedere le azioni degli stakeholder.

- **La legislazione**. La legislazione impone dei vincoli che occorre rispettare. Ad esempio, progetti che hanno impatti ambientali devono essere autorizzati dalle autorità competenti.

- **Gli standard**. Ignorare l'uso degli standard oppure non volere attenersi ad essi potrebbe costringere alcuni stakeholder ad essere contrari al progetto.

- **La missione delle organizzazioni degli stakeholder**. Il project manager deve analizzare la missione delle organizzazioni cui appartengono gli stakeholder, in modo da comportarsi di conseguenza. Ad esempio, è inutile cercare di convincere gli impiegati della Pubblica Amministrazione a far realizzare qualcosa contraria all'utilità pubblica o non prevista dalla loro pianificazione.

Abbiamo già trattato nel capitolo precedente la missione degli stakeholder. Nel prossimo paragrafo analizzeremo i bisogni degli stakeholder, in quanto elemento del Contesto Ambientale.

BISOGNI DEGLI STAKEHOLDER

IL FATTORE UMANO

Gli stakeholder sono delle persone e, pertanto, è sbagliato pensare che le loro necessità siano esclusivamente collegabili al raggiungimento degli obiettivi di progetto. Ottenere dei risultati è solo un aspetto di quello che vogliono gli stakeholder, ma non è la loro necessità primaria. Chiariamo questo concetto con alcuni esempi:

- Per un amministratore delegato, il vostro progetto può essere un costo o un'opportunità di profitto. Il dover consegnare quanto richiesto dal progetto nei tempi e modi previsti non è il suo principale interesse che è, invece, quello di guadagnare un bel po' di soldi sotto forma di bonus raggiungendo gli obiettivi aziendali assegnati dall'azionista. Se il vostro progetto rischia di non soddisfare le sue necessità, state pur certi che siete a rischio di chiusura progetto.
- Il vostro cliente può avere diversi interessi per raggiungere le milestone di progetto. La sua azienda può prevedere un premio in denaro se riesce a superare con successo la milestone. Oppure, può avere necessità di incrementare i propri ricavi: una mancata fatturazione nel periodo previsto può causare dei seri problemi alla sua carriera.
- Dei gruppi locali possono avere dei preconcetti puramente psicologici nei confronti del vostro progetto: paura del nuovo, timore di veder invasa la propria privacy o di inquinare l'ambiente, e così via. Per costoro, bisogni da soddisfare sono quelli della sicurezza. Inoltre, il non essere presi in considerazione tende a ledere la stima che ha nei loro confronti la comunità locale: ignorarli li farà diventare degli stakeholder negativi.

In ognuno di questi esempi, i bisogni degli stakeholder sono collegati a qualcosa di esterno al progetto (i bonus nel caso dell'amministratore delegato o del cliente, la stima e la sicurezza per i gruppi locali). Bisogna, quindi, distinguere i bisogni delle persone da quello che queste *devono*, per via del loro ruolo o *missione*, svolgere. Cercheremo di comprendere i bisogni di uno stakeholder usando la *Teoria dei Bisogni* di Maslow.

I BISOGNI

I bisogni degli stakeholder rispondono alle loro leve *motivazionali*, ovvero a *cosa* permette loro di voler raggiungere gli obiettivi legati al vostro progetto. Consideriamo le persone che lavorano per il vostro progetto. Avranno la necessità di un aumento di stipendio, oppure di poter tranquillamente acquistare casa o stare con i propri figli. Se alcune di queste necessità non fossero soddisfatte, potrebbero non avere la serenità necessaria per lavorare sul progetto. Per capire tali leve, sono state elaborate varie teorie: per gli scopi della gestione degli stakeholder, useremo la teoria della *gerarchia dei bisogni* di Maslow. I bisogni dell'uomo, secondo Maslow, si suddividono in:

- Bisogni fisiologici
- Bisogni di sicurezza
- Bisogni sociali
- Bisogni di autostima
- Bisogni di autorealizzazione.

La scala gerarchica è mostrata in figura 3.3.

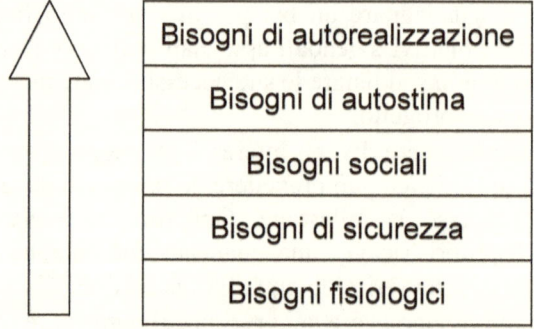

Figura 3.3- Gerarchia dei Bisogni di Maslow

I bisogni fisiologici e di autorealizzazione sono rispettivamente al livello gerarchico più basso e più alto. Le persone devono soddisfare prima i bisogni presenti nei livelli gerarchici inferiori per poi passare a soddisfare quelli a livelli gerarchici immediatamente superiori. Chiariamo questi concetti con alcuni esempi. Quando abbiamo fame o non abbiamo lavoro, dobbiamo procurarci il cibo ed il denaro per acquistarlo. Una volta che troviamo un'occupazione retribuita e possiamo acquistare il cibo per sostenere noi stessi e la nostra famiglia, abbiamo soddisfatto i nostri bisogni fisiologici. A questo punto occorrerà soddisfare i nostri bisogni di sicurezza, che sono immediatamente successivi nella scala gerarchica di Maslow. Ad esempio, la sicurezza del posto di lavoro e di poter pagare il mutuo per acquistare una casa Si passerà, successivamente, a soddisfare i bisogni sociali e così via, con la progressiva soddisfazione dei bisogni immediatamente successivi nella scala gerarchica. Il coinvolgimento nelle decisioni di progetto soddisferà i bisogni di autorealizzazione, il creare dei ruoli soddisferà i bisogni sociali, e così via. Va chiarito, comunque, che tutti i bisogni sono sempre presenti, ma con importanza differente in funzione del contesto in cui si sta operando.

Se applichiamo la teoria di Maslow alla gestione degli stakeholder, possiamo ottenere le seguenti categorie di bisogni:
- Sicurezza personale;
- Obiettivi economici;
- Obiettivi personali;
- Stima e autorealizzazione;

Li analizzeremo nei prossimi paragrafi.

SICUREZZA PERSONALE

Questo è il primo bisogno di ogni essere umano. Il poter soddisfare le proprie necessità prendendo con certezza lo stipendio ne è un esempio. I familiari dei lavoratori hanno questo tipo di bisogno, oltre alla sicurezza fisica sul posto di lavoro. Inoltre, anche il top management e i clienti devono soddisfare questo bisogno. Infatti, nel caso di fallimento del progetto, i vari direttori coinvolti potrebbero essere costretti a dimettersi o a veder ridimensionato il proprio ruolo nell'azienda. Se un progetto minaccia la leadership di un'azienda concorrente in crisi, i dipendenti e il management di quest'ultima avranno un atteggiamento ostile nei confronti del progetto. I fornitori, nel caso di mancata scelta della loro azienda, potrebbero vedere messa in discussione la propria esistenza. La sicurezza personale, pertanto, è la prima variabile da considerare in un'analisi dei bisogni. Gruppi di pressione che vedono nel vostro progetto una minaccia per la loro sicurezza possono intraprendere azioni contro il progetto stesso. Le problematiche di salvaguardia dell'ambiente sono di primaria importanza: le persone hanno acquisito una consapevolezza della necessità di avere un ambiente sia lavorativo che di vissuto quotidiano senza pericoli per la salute. Anche se vi sono legislazioni nazionali che impongono a determinati progetti delle verifiche di impatto ambientale, le persone non sempre si fidano dei risultati di queste valutazioni e costituiscono dei gruppi di pressione locali.

OBIETTIVI ECONOMICI

Alcune aziende prevedono dei bonus se sono raggiunti determinati obiettivi. Ad esempio, un project manager potrebbe incassare 2000 euro per aver realizzato e consegnato una parte del progetto ad un cliente che, per questo, ha pagato varie centinaia di migliaia di euro. Il project manager deve anche considerare gli obiettivi economici delle persone che lavorano per il progetto e, più in generale, degli stakeholder. Un cliente potrebbe ottenere un bonus o un aumento di stipendio se gli obiettivi di progetto fossero raggiunti: non riuscire ad ottenerlo potrebbe contrariarlo. La stessa cosa accade se il vostro progetto non fa ottenere i premi al vostro capo o, peggio, al vostro amministratore delegato. Anche alcune persone che fanno parte di gruppi di pressione potrebbero avere propri obiettivi economici. Consideriamo un progetto che prevede l'esproprio di terreni che avrebbero reso dei soldi a chi li possiede. Se si formano dei gruppi di pressione per evitare che il progetto abbia luogo, molto probabilmente queste persone ne faranno parte e vorranno ottenere dei compensi adeguati ai loro bisogni. In questo caso, non sempre sarà possibile, soprattutto in presenza di disposizioni legislative, tenere contro delle esigenze di quest'ultimi: il project manager dovrà, pertanto, gestire questo tipo di richieste caso per caso.

OBIETTIVI LAVORATIVI E PERSONALI

Gli obiettivi lavorativi sono riconducibili ad obiettivi di carriera e di performance personale. Le aziende, di regola, istituiscono dei meccanismi premianti basati sulla valutazione delle attività del personale, per garantire un'adeguata motivazione del personale. Senza entrare nel dettaglio di tali meccanismi, l'azienda premia le persone in vari modi, non solo economici. Quest'aspetto è strettamente legato ai percorsi di carriera, ovvero alla naturale ambizione di migliorare la propria posizione lavorativa: se le performance sono eccellenti, la singola risorsa potrà essere promossa in posizioni gerarchicamente superiori. Il project manager deve considerare questi aspetti sia per il personale interno che per gli stakeholder esterni. Il cliente può avere un obiettivo di miglioramento della propria posizione all'interno della sua azienda, strettamente legato al progetto in corso. Un direttore di marketing può aver puntato tutto sul nuovo prodotto di cui siete project manager: un ritardo rischierebbe di cancellare quella linea di prodotto.

Per alcune persone gli obiettivi lavorativi coincidono con gli obiettivi personali. Non per tutte, però. Ad esempio, gli obiettivi personali di un politico, che ha voluto fortemente la realizzazione di un progetto, possono essere quelli di ottenere un incarico prestigioso o di essere eletto al Parlamento. I dirigenti potrebbero ambire ad ottenere delle posizioni di management al di fuori dell'azienda dove lavorano, ed il raggiungimento degli obiettivi del progetto può contribuire alla loro visibilità. Per altri, gli obiettivi possono essere di seguire un master o dei corsi di perfezionamento, di poter trascorrere le ferie con la famiglia in periodi da loro stabiliti, e così via. Anche qui, lo spettro degli obiettivi è estremamente vasto, e il project manager deve individuare e comprendere, con molta discrezione, gli obiettivi personali degli stakeholder.

STIMA ED AUTOREALIZZAZIONE

Quando le persone hanno soddisfatto i bisogni al più basso livello gerarchico, possono volere la stima delle persone che li circondano, come i propri colleghi o superiori. Qualche stakeholder potrebbe avere la necessità di un riconoscimento del proprio ruolo, magari partecipando a workshop o congressi. Altri vorrebbero che il loro lavoro sia considerato importante dal proprio capo e da altri colleghi, e così via. La necessità di stima di sé stessi può anche portare a difendere delle posizioni negoziali indifendibili. Questo può succedere con gruppi di pressione, dove la leadership può appartenere a persone che hanno fortemente bisogno di essere stimate o considerate. Se questi stakeholder sono negativi, il project manager avrà non poche difficoltà a gestirli, se sono attori importanti del progetto. Il senso di appartenenza ad un determinato gruppo, l'essere ascoltati all'interno di dinamiche collaborative e la volontà di essere inclusi in "èlite" professionali o di decisione possono essere delle necessità per alcuni stakeholder. Se vi sono più gruppi di pressione aventi lo stesso obiettivo, il dialogare solo con alcuni gruppi potrebbe comportare problemi con gli altri, che non vedrebbero riconosciuto il loro ruolo all'interno della comunità e potrebbero boicottare il progetto.
Secondo Aristotele l'uomo è un animale politico, poiché è nella sua indole cercare alleanze per poter gestire o governare al meglio il proprio destino. Non deve meravigliare se un politico, che ha fortemente sponsorizzato un progetto finanziato dalla Pubblica Amministrazione, richiede una tempistica coincidente con eventi di tipo elettorale per realizzare la sua ambizione di elezione. Anche questo aspetto rientra nei bisogni di autorealizzazione, tipici della gerarchia di Maslow.

MINACCE ED OPPORTUNITÀ: L'ANALISI SWOT

Individuati gli stakeholder e compiute le analisi del contesto ambientale, il project manager deve provvedere a classificarli in funzione della loro tipologia (positivo, proattivo, neutro e negativo). L'analisi del contesto ambientale fornisce uno strumento per comprendere il tipo di stakeholder di fronte a quale tipo ci troviamo. Tutto ciò, però, non è sufficiente per una buona gestione del progetto. Infatti, non tutti gli stakeholder hanno lo stesso grado di "pericolosità" o di "positività". Un direttore generale che improvvisamente diventa contrario al progetto è sicuramente più temibile di un collega che vorrebbe, per motivi personali, gestire il progetto al vostro posto. Più in generale, occorrerà individuare le minacce o le opportunità che gli stakeholder possono portare al progetto. Per fare questo, utilizzeremo l'analisi SWOT, strumento del marketing, adattandola alle nostre esigenze. SWOT è l'acronimo delle parole inglesi Strength (Forza), Weakness (Debolezza), Opportunities (Opportunità) Threats (Minacce): l'analisi SWOT parte dall'analisi dei punti di forza e di debolezza dell'azienda per individuare le opportunità di mercato o le minacce per l'azienda. Per adattarla agli stakeholder, e quindi ai progetti, i punti di forza e di debolezza da analizzare saranno quelli degli stakeholder, mentre le opportunità e le minacce saranno riferite al progetto: chiameremo Stakeholder SWOT (S-SWOT) quest'analisi. Chiariamo con alcuni esempi cosa si intende per punti di forza e di debolezza degli stakeholder.

- Un gruppo di pressione sfavorevole al progetto potrebbe avere un punto di debolezza nella mancanza di fondi e di credibilità, mentre una sua presenza capillare sul territorio potrebbe essere un punto di forza.

- Il direttore della Produzione che ha voluto il progetto, ma è caduto in disgrazia per delle decisioni sbagliate, può essere un punto di debolezza: il suo eventuale sostituto potrebbe non condividere l'idea progettuale, oppure i capi potrebbero non avere più fiducia nella sua decisione di sponsorizzare il progetto.

- Il cambiamento a livello organizzativo dell'azienda che vi ha chiesto di realizzare il progetto potrebbe essere un punto di debolezza, se la precedente organizzazione è stata a favore del progetto.

- Una collaboratrice chiave è uno stakeholder importante, poiché una sua decisione di dimettersi e lavorare presso aziende concorrenti può causare un danno per il progetto. Questo collaboratore, essendo uno stakeholder positivo, ha nella competenza il suo punto di forza. Se il collaboratore decide di andare via dal progetto o dall'azienda, può diventare uno stakeholder negativo, se non è possibile sostituirlo.

Per individuare le opportunità e le minacce degli stakeholder occorre partire dall'analisi dei loro punti di forza e dei punti di debolezza, secondo il processo descritto in Figura 3.4. L'analisi dei punti di forza e di debolezza può portare all'individuazione sia di opportunità che di minacce, in funzione del tipo di stakeholder analizzato. I punti di forza di uno stakeholder negativo possono essere delle minacce per il progetto, così come i punti di debolezza degli stakeholder positivi, proattivi e neutri. Viceversa, i punti di debolezza di uno stakeholder negativo possono essere delle opportunità per il progetto, così come i punti di forza di stakeholder positivi, proattivi e neutri. Questa analisi porta ad ottenere una matrice, che chiameremo matrice S-SWOT, illustrata in Figura 3.5. Nelle aree relative sono riportati i punti di forza ed i punti di debolezza degli stakeholder, insieme alle opportunità e alle minacce che ne derivano.

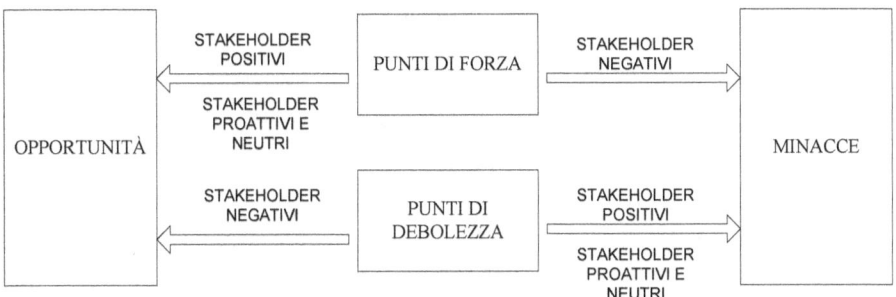

Figura 3.4 – Individuazione delle minacce e delle opportunità

		Utili	Dannosi
Stakeholder	Positivi, proattivi, neutri	FORZA	DEBOLEZZA
	Negativi	DEBOLEZZA	FORZA
		OPPORTUNITÀ	MINACCE

Figura 3.5 – Matrice S-SWOT

La matrice si interpreta nel seguente modo:

- I punti di forza degli stakeholder positivi, proattivi e neutri sono utili al progetto in quanto generano delle opportunità. Al contrario, i punti di debolezza degli stakeholder positivi, proattivi e neutri possono essere dannosi, in quanto possono generare minacce all'andamento del progetto.
- La debolezza degli stakeholder negativi è utile, in quanto genera anch'essa opportunità per il progetto. Al contrario, punti di forza degli stakeholder negativi possono condurre a minacce per l'andamento del progetto.

La matrice S-SWOT fornisce al project manager un utile strumento per individuare le opportunità e le minacce indotte dai vari stakeholder di progetto. Successivamente, il project manager userà i punti di forza, debolezza, opportunità e minacce individuate per elaborare la migliore strategia di gestione dei singoli stakeholder.

RISCHI E STAKEHOLDER

Abbiamo visto nel Capitolo I che ad ogni progetto possono essere associati dei rischi, che rappresentano l'effetto negativo che un determinato evento, nell'ipotesi che accada, può avere sul progetto. I rischi, pertanto, sono, per loro stessa natura, probabilistici: un rischio *può* accadere, *non* accade con certezza. L'analisi dei rischi di progetto è la disciplina che identifica i rischi, li quantifica ed individua le eventuali azioni da intraprendere come risposta all'evento di rischio[9]. Chiameremo *Rischio da Stakeholder* un evento di rischio collegato ad azioni di uno o più stakeholder di progetto. In questo libro tratteremo solo i rischi da stakeholder. Chiariamo, però, un punto importante: un rischio non è collegato solo ad uno stakeholder negativo, ma a qualsiasi tipo di stakeholder, sia esso positivo, proattivo o neutro. Ad esempio, un tecnico, stakeholder positivo, che lavora entusiasticamente al progetto potrebbe mancare delle competenze necessarie al raggiungere gli obiettivi. In questo caso, vi potrebbe essere il rischio di una mancata accettazione del prodotto finale oppure un ritardo nella realizzazione, con possibili penali da pagare o costi aggiuntivi da sostenere. Nei paragrafi successivi individueremo tipici rischi da stakeholder con le azioni di risposta da intraprendere e forniremo gli strumenti per quantificare i rischi.

---

[9] Per una trattazione che collega i rischi al conto economico di progetto e, in generale, agli economics di progetto, si veda [1]

RISCHI TECNICI

Sono i rischi collegati ad attività di design e realizzative. Gli stakeholder possono contribuire ai rischi tecnici per:

- **Mancanza di conoscenze**. Alcuni collaboratori possono non conoscere delle metodologie o tecnologie richieste dal cliente o previste nel design. In questo caso, si provvederà ad addestrarli: i corsi di formazione contribuiscono a mitigare questo rischio. Non è raro il caso che anche il personale dell'azienda cliente manchi di un'adeguata conoscenza di queste tecnologie o metodologie. Purtroppo, questo può avere impatti sul progetto. Ad esempio, il cliente può ritardare l'approvazione di un documento proprio per la difficoltà a valutare e comprendere le tecnologie. La risposta a questo rischio dipende dai rapporti con il cliente: il project manager potrebbe invitarli a seguire lo stesso corso oppure potrebbe allocare un tempo maggiore per la revisione o per l'approvazione della documentazione che riguarda problematiche di cui i clienti non sono perfettamente a conoscenza.

- **Specifiche, design o documentazione non chiara**. Un altro rischio può essere la mancanza di chiarezza delle specifiche di progetto, che può essere imputato al cliente o al personale interno preposto. La causa di questo può essere ricercata nell'unicità del progetto, che spesso comporta un'effettiva difficoltà nell'indicarne dettagliatamente i bisogni. Se la mancanza di chiarezza è dovuta ad un cliente, occorre dialogare con quest'ultimo fino ad ottenere tutte le informazioni e i chiarimenti necessari, che dovranno essere documentati dal personale di progetto e concordati con il cliente. Se, invece, la mancanza di chiarezza è dovuta al personale interno che lavora sul progetto, allora occorrerà ricorrere a personale più esperto o a dei consulenti esterni con competenze e conoscenze adeguate.

RISCHI LEGALI

Riguardano le aree contrattuali o, più in generale, legate ad aspetti commerciali. In questi casi, il project manager deve farsi assistere dall'Ufficio Legale della sua organizzazione. Nel caso degli stakeholder, tali rischi possono essere:

- **Azioni legali**. Il cliente può intraprenderle nei confronti dell'azienda del project manager, se ritiene di essere stato danneggiato durante la gestione del progetto. Questo può accadere, ad esempio, nel caso di ritardo nelle consegne oppure se le caratteristiche della fornitura non sono quelle previste dal contratto. Per mitigare questi rischi, i contratti devono essere stilati in modo da descrivere come comportarsi nei casi problematici, indicando soprattutto le modalità con cui affrontarli e chi deve sopportare i costi. Questo impedirà di intraprendere le procedure legali che sono, in buona parte, lesive per l'immagine di entrambi i contendenti e comportano dei costi aggiuntivi che l'azienda dovrà sostenere. Azioni legali per bloccare o cancellare di progetti possono essere intraprese da gruppi di pressione o dai concorrenti. Nel primo caso, si hanno queste azioni se tali gruppi ritengono che vi sia un danno ambientale oppure un danno economico nei loro confronti. Nel secondo caso, le azioni legali sono presentate dai concorrenti se ritengono che l'aggiudicazione di una gara d'appalto non sia corretta oppure quando, ad esempio, ritengono che vi siano violazioni di licenze o brevetti.

– **Cause di forza maggiore.** Scioperi o calamità naturali possono causare dei ritardi nei progetti. I contratti con il cliente devono prevedere delle cause di salvaguardia in modo da evitare ripercussioni legali nel caso si verifichino tali eventi.

RISCHI GESTIONALI

I rischi collegati alla gestione del progetto possono essere classificati nel seguente modo:

– **Carenza di capacità manageriali.** Il ruolo di project manager o anche di team leader non si improvvisa. Occorre formazione, che non tutte le persone posseggono. Carenza di controllo, scarse capacità direttive, scarsa propensione alla pianificazione, assenza di dialogo con i propri collaboratori sono solo alcune delle carenze di tipo gestionale che un project manager o un team leader può avere. La mancanza di competenze e/o capacità manageriali può comportare seri problemi al progetto, con ritardo nel raggiungimento degli obiettivi e incrementi dei costi.

– **Scarsa propensione al team.** Alcune persone possono non essere abituate a lavorare in squadra. Pertanto, vanno gestite opportunamente, come vedremo nei paragrafi dedicati alla gestione del team. Sono consigliabili dei corsi di formazione sul lavoro in team.

– **Conflitti.** Possono essere all'interno di un team, all'interno del project office oppure con il cliente. L'analisi degli stakeholder deve evidenziare i potenziali conflitti oppure quelli latenti, ed il project manager deve riuscire a gestirli, come vedremo nel prossimo capitolo.

RISCHI ESTERNI

Sono dovuti a stakeholder esterni all'azienda. A differenza dei precedenti, questi tipi di rischi non sono controllabili, in quanto scaturiscono all'esterno dell'azienda. Possono essere suddivisi in *predicibili* ed *impredicibili*. I primi sono rischi che, anche se non si possono controllare, si possono ragionevolmente predire ma con una dimensione di portata sconosciuta o incerta. Esempi di questi rischi sono:

- **Azioni di gruppi esterni**. Abbiamo già visto come questi stakeholder possono intraprendere azioni di vario genere, se ritengono che il progetto possa essere contrario ai loro interessi o avere impatti ambientali o sociali negativi.

- **Ridimensionamento o cancellazione del progetto**. Il cliente può richiedere un ridimensionamento del progetto che comporta una diminuzione dei ricavi e del lavoro. Anche se l'attività del project manager non subisce grossi impatti, i ridimensionamenti sono spesso un problema per l'azienda, perché dovrà provvedere a ricollocare su altre attività le persone che non lavoreranno più per il progetto. Questo può comportare problemi per il management aziendale, soprattutto se il ridimensionamento avviene in tempi brevi e le persone corrono il rischio di non avere attività su cui lavorare. Peggiore è la situazione in cui il cliente cancella completamente il progetto. Il project manager dovrà cercare di comprendere quanto prima le intenzioni del cliente, e intraprendere azioni con il top management per evitare la cancellazione del progetto o per consentire di gestire al meglio le transizioni delle persone verso altre attività.

I rischi impredicibili sono quelli che non si possono attendere con ragionevolezza. Esempi legati agli stakeholder sono le regolamentazioni e le leggi che un'amministrazione pubblica interessata al progetto può introdurre o modificare. Alcune di queste leggi possono comportare ritardi nelle consegne o di un aumento dei costi del progetto.

QUANTIFICAZIONE DEI RISCHI

Individuati i rischi, occorre provvedere a quantificarne la *probabilità che accadano* ed a valutare gli *impatti* che avrebbero sul progetto. Cominciamo a dare alcune definizioni. Ad ogni rischio si associa una probabilità P di accadimento che, per definizione, assume i valori compresi tra 0 ed 1. Ad un valore pari a 0 corrisponde un evento impossibile (non accadrà mai), mentre ad un valore uguale ad 1 corrisponde un evento certo (sicuramente accadrà). I valori della probabilità si valutano anche in termini percentuali, con valori che variano dallo 0% al 100% di accadimento. Per definizione, se un evento ha probabilità P_1, P_2, .., P_n,.. di accadere, vale sempre la relazione

(3.1) $$\sum_i P_i = 1$$

Ad esempio, un progetto che ha il 90% di probabilità di terminare dopo un anno dalla data d'inizio ha una probabilità del 10% di terminare prima di tale data. Per quantificare la probabilità si ricorre a varie tecniche: modelli, giudizio di esperti, metodi di calcolo numerico, e così via. Ogni rischio, essendo un evento negativo, ha un impatto economico sul progetto. Non tutti i rischi, però, possono essere considerati allo stesso modo: occorre individuarne la relativa *severità*, collegata al maggiore impatto economico probabile associato al rischio. Introduciamo, per quantificarla, il *Valore Atteso (VA)* del rischio, che è dato, per un rischio di probabilità P e impatto economico E, da:

(3.2) $VA = P \times E$

Il valore atteso che un rischio ha sul progetto è, quindi, pari al prodotto della sua probabilità di accadimento per il valore dell'impatto economico che ha sul progetto stesso. Se un determinato rischio ha un impatto economico pari a 100mila euro ed una probabilità di accadere del 50%, il relativo *VA* sarà pari a 50mila euro (50% x 100mila euro). La somma di tutti i valori attesi dei rischi del progetto fornisce l'*Accantonamento* per la gestione dei *rischi* che il project manager deve mettere da parte nel suo conto economico di progetto per poterli gestire. In formule otteniamo:

(3.3)   *Accantonamento Rischi* $= \sum_i VA_i$

dove VA_i rappresenta il valore atteso relativo al rischio i-mo. Chiariamo questi concetti con alcuni esempi. Ipotizziamo di aver individuato due rischi nel nostro progetto: un ritardo nella consegna dovuto alla mancanza di esperienza di alcuni collaboratori e la rilavorazione di alcuni componenti. Per tali rischi, valgono i valori di probabilità ed impatto economico riportati nella figura 3.6. L'impatto economico del ritardo, ad esempio, è calcolato pari al valore della penale da pagare al cliente. Il valore atteso del Rischio Ritardo, applicando la (3.2), sarà pari a $VA_1 = 30\%$ x 200mila euro = 60mila euro, mentre il valore atteso del Rischio Rilavorazione sarà pari a $VA_2 = 10\%$ x 10mila euro = 1000 euro. Pertanto, l'accantonamento rischi sarà pari a 60000 euro + 1000 euro = 61000 euro. In altre parole il project manager, per gestire tali rischi, deve aggiungere 61000 euro agli altri costi di progetto. Nel paragrafo seguente, daremo delle indicazioni quantitative sulle decisioni da intraprendere per gestire i rischi.

Rischio	Probabilità	Impatto Economico
Ritardo	30%	200000 Euro
Rilavorazione	10%	10000 Euro

Figura 3.6

LA RISPOSTA AI RISCHI

Il project manager può decidere di ignorare i rischi identificati oppure può intraprendere delle azioni di risposta per diminuirne (ed in questo caso parleremo di *mitigazione del rischio*) o per eliminarne (ed in questo caso parleremo di *cancellazione del rischio*) la probabilità di accadimento.

IGNORARE I RISCHI

Il project manager può ignorare il rischio se il relativo valore atteso è inferiore al *Costo Atteso delle Azioni* (*EC*), calcolato come

(3.4) $EC = C + P_1 \times E_1$

dove C è il costo dell'azione volta a far ottenere la probabilità P_1 di accadimento del rischio e/o un impatto economico pari a E_1. Prendiamo il caso del rischio rilavorazione della figura 3.4. Il suo valore atteso è di 1000 Euro. Se il costo da sostenere per ridurre il rischio o per cancellarlo è pari, ad esempio, a 40000 euro, il rischio si può ignorare, in quanto il costo da sostenere eccede il valore atteso.

MITIGAZIONE O CANCELLAZIONE DEI RISCHI

Se non è possibile ignorare il rischio, occorre intraprendere azioni volte a ridurne la probabilità oppure a cancellarlo del tutto. Chiameremo *costi di mitigazione* i costi da sostenere per far diminuire la probabilità di accadimento di un determinato evento di rischio. In analogia, definiamo come *costi di cancellazione* i costi da sostenere per eliminare completamente la probabilità di accadimento del rischio. Prendiamo il caso del rischio di ritardo mostrato precedentemente, con un VA di 60 mila euro. Ipotizziamo che i costi di mitigazione per diminuire la probabilità di ritardo al 15% siano pari a 40 mila euro (ad esempio, dei costi di consulenza o di subforniture). In questo caso, applicando la (3.4), si ottiene

$$EC = 40000 + 15\% \times 200000 = 70 \text{ mila euro.}$$

Questo valore è superiora al VA di 60mila euro. Pertanto, non è conveniente intraprendere quest'azione di mitigazione. Ipotizziamo, al contrario, che con dei corsi di formazione le persone acquisiscano esperienza e la probabilità di ritardo scende al 5%, sostenendo dei costi pari a 5000 euro (insegnanti, viaggi, materiale, ecc). In questo caso si ottiene

$$EC = 5000 + 5\% \times 200000 = 15 \text{ mila euro.}$$

Il costo atteso delle azioni è di gran lunga inferiore al valore atteso e, pertanto, è conveniente intraprendere la spesa di 5mila euro, che rappresenta il costo da sostenere per mitigare il rischio di ritardo.

L'ANALISI DEL CASO DI STUDIO

La figura 3.7 mostra la classificazione degli stakeholder: il Direttore Generale, così come l'Amministrazione Comunale che ha assegnato il lavoro, le persone che lavorano sul progetto ed il project manager, Mario, sono stakeholder positivi. Il Sindaco ed il Parlamentare, invece, li abbiamo classificati come proattivi. Il lettore rimarrà stupito da questa decisione: non erano il Sindaco e il Parlamentare che avevano voluto questo progetto? Non dovrebbero essere, per questo motivo, positivi? In realtà, sia il Sindaco che il Parlamentare volevano il progetto anche come strumento per poter essere rieletti. Se il progetto ritarda o crea problemi alla cittadinanza, potrebbero chiederne l'annullamento. Anche il capo dei servizi generali è uno stakeholder proattivo, poiché ritiene di poter gestire il parco giochi. Se, al contrario, il parco giochi sarà affidato ad un'altra azienda o a qualcun altro, il suo interesse per il progetto potrebbe scomparire. Questo non vuol dire che non fornirà i servizi per la realizzazione del progetto: le persone che dipendono dalla sua unità svolgeranno le normali attività aziendali, ma il capo dei servizi non sarà particolarmente motivato per un'eccellente riuscita del progetto, né si spenderà, ad esempio, per influenzare positivamente potenziali stakeholder o stakeholder negativi. Non deve sorprendere se dall'analisi emerge come neutra la figura del capo dell'Produzione. Infatti, le persone della sua unità sono già oberate di lavoro, e l'aggiunta di un altro progetto gli comporta solo dei problemi di gestione. Non deve stupire che

Bruno e il capo dell'unità programmi siano inseriti negli stakeholder negativi al pari dell'azienda concorrente che sta portando avanti azioni legali: essere uno stakeholder negativo non vuol dire necessariamente "remare contro l'azienda". In questo caso, il capo dell'unità programmi non è contrario al progetto, ma al fatto che debba gestirlo Mario, che potrebbe prendere il suo posto se riesce a portarlo a termine con successo. In realtà, Bruno potrebbe non avere questi timori, ma in fase di analisi un project manager deve sempre considerare il caso peggiore. Non stupisce vedere i proprietari, gli ambientalisti e l'azienda concorrente come stakeholder negativi: i primi due non vogliono che il progetto vada in porto, mentre l'azienda concorrente spera di realizzarlo al posto dell'azienda YY. Tutti e tre sono contrari alla realizzazione del progetto da parte dell'azienda YY, e quindi sono degli stakeholder negativi. Procediamo con l'analisi del contesto operativo. Il Direttore Generale ha una buona relazione con il Sindaco, poiché sono amici di vecchia data, e vuole che progetto raggiunga gli obiettivi che ha dato al project manager. Per quanto riguarda la possibilità di sostituire il Capo dell'Unità Programmi a progetto concluso, Mario pensa che il timore del suo capo sia infondato. L'Amministrazione Comunale deve seguire quanto previsto dai codici degli appalti e, quindi non vi sono possibilità di deroghe rispetto a quanto promesso in fase di aggiudicazione della gara. Pertanto, il responsabile del procedimento vuole che il project manager compia attività in linea con quanto previsto dalla legislazione e rispetti quanto richiesto dal contratto. Le persone che lavorano per il progetto possono avere varie aspettative: svolgere un lavoro interessante, ottenere degli aumenti di stipendio, migliorare la propria carriera o, più semplicemente, essere sicuri di mantenere il proprio posto di lavoro. Analogamente si può procedere con gli altri stakeholder, sia proattivi che neutri o negativi. Ad esempio, le associazioni ambientaliste hanno la missione di tutelare l'ambiente: potrebbero intraprendere azioni anche eclatanti per bloccare il progetto, se ritengono che possa ledere il paesaggio o danneggiare l'ambiente. I proprietari dell'area vogliono ottenere dei migliori vantaggi economici rispetto ai prezzi di esproprio previsti, che, evidentemente, ritengono inferiori a quelli di mercato. Entrambe queste esigenze potrebbero essere tranquillamente ignorate dal project manager, se questi ragionasse come un mero esecutore di un contratto. In realtà, opposizioni di questo genere possono portare facilmente a problemi di immagine per l'azienda ed a notevoli ritardi. Ricordiamo che il Sindaco, se non si riuscisse a portare a termine il progetto nei tempi desiderati, potrebbe diventare uno stakeholder negativo, anche perché questo progetto rischierebbe di non farlo rieleggere. Il project manager deve considerare tutti questi aspetti, identificare i rischi associati e individuare le azioni di mitigazione opportune.

Tipologia	Stakeholder
Positivo	Direttore generale Amministrazione Comunale Staff del progetto Mario
Proattivo	Sindaco Parlamentare Capo Servizi Generali
Neutro	Capo Produzione
Negativo	Bruno Capo Unità Programmi Proprietari dell'area su cui sorgerà il parco giochi Associazioni Ambientaliste Azienda concorrente

Figura 3.7 – Classificazione degli stakeholder

CAPITOLO QUARTO

AZIONE E CONTROLLO

STRATEGIE PER GESTIRE GLI STAKEHOLDER

Individuati i punti di forza e di debolezza e le rispettive minacce ed opportunità, occorre elaborare delle strategie che devono tendere alla massimizzazione del numero di stakeholder favorevoli al progetto. Le strade da perseguire sono le seguenti:
− Informare
− Persuadere
− Influenzare
− Pressare
− Negoziare.
− Motivare

La motivazione consiste nel soddisfacimento dei bisogni, e si applica solo agli stakeholder interni che lavorano sul progetto. Delle leve motivazionali ne abbiamo discusso nel paragrafo relativo ai bisogni degli stakeholder, e non tratteremo ulteriormente questo argomento. Concludiamo notando che il 90% di queste strategie si basa sulla comunicazione interpersonale. Cominceremo con il trattare quest'ultimo argomento, per poi approfondire le varie strategie.

LE BASI DELLA COMUNICAZIONE

Gli obiettivi che il project manager si pone nel comunicare possono ridursi a due: farsi comprendere dagli interlocutori e/o convincerli ad essere favorevoli al progetto (farli diventare stakeholder positivi o proattivi o mantenere tale stato). Per poterli raggiungere, è necessario capire i meccanismi della comunicazione. Partiamo, pertanto, dal modello mostrato nella figura 4.1. Una persona (Emettitore) decide di comunicare con un'altra persona (Ricevente) inviando un messaggio. Il messaggio è percepito dal ricevente non solo con le parole di cui è composto, ma anche con la parte non verbale (i segnali corporei) e quella paraverbale (tono di voce, cadenza). Il ricevente decodifica questo messaggio e invia dei feedback, anche non verbali e paraverbali, all'emettitore, che deve percepirli e decodificarli per assicurarsi che il risultato della comunicazione sia quello desiderato. In generale, l'emettitore pensa di comunicare il 100% dei suoi pensieri e invece, a volte, ne comunica solo l'80%. Il ricevente ne riceve, perché distolto dalla comunicazione non verbale o paraverbale, solo una parte, diciamo il 50%. Di questo 50%, il ricevente può capirne solo il 20% e ricordarne il 10%. Se l'emettitore non pone attenzione ai feedback, rischia di pensare di comunicare il 100% dei suoi pensieri, mentre il ricevente ne ha capito il 20% e ne ricorderà solo il 10%.

Figura 4.1 – Meccanismi di Comunicazione

Pertanto, un project manager dovrà riflettere non solo sul contenuto, ma anche su *come comunicarlo*, sia da un punto di vista verbale che non verbale e paraverbale, e su *come verificare* che il messaggio sia stato percepito correttamente. L'emettitore dovrà:

– *Pianificare* la propria comunicazione verbale, stabilendo il risultato che vuole ottenere;
– Individuare la maniera più appropriata per *convogliare* il messaggio;
– *Verificare* che il messaggio sia stato compreso correttamente.

Ed è nel convogliarlo che comincia ad intervenire, purtroppo, la complessità degli esseri umani. Infatti, vi sono persone che prediligono l'elaborazione delle informazioni in base ai *suoni*, altre in base *alle immagini* ed altre ancora in base *alle emozioni*. Se l'emettitore vuole comunicare efficacemente, deve capire in quale modo il ricevente elabora le informazioni. In questo è utile rifarsi alla Programmazione Neuro-Linguistica (PNL). La PNL ha scoperto che le informazioni sono ricevute dalle persone attraverso tre canali informativi: un *canale di accesso*, un *canale di elaborazione* ed un *canale interiore*. Per poter entrare in sintonia con il ricevente, occorre capire qual è il modo migliore per iniziare a parlargli, ovvero occorre individuare il suo canale di accesso. La PNL ha scoperto che le persone si dividono in tre categorie: *visive, uditive* e *cinestetiche*. Le prime preferiscono ricevere informazioni tramite le immagini, le seconde tramite i suoni e le terze tramite le emozioni. Con un visivo, occorre usare parole come "guarda, vedi, osserva", con un uditivo delle parole come "ascolta, chiama, parla, suona", mentre con un cinestetico parole come "toccare con mano, premere, percepisci". Pertanto, per poter entrare in sintonia con il ricevente, occorre capire qual è il suo canale di accesso: se visivo, uditivo o cinestetico. Per scoprirlo, la PNL ci suggerisce tre modi per farlo: ascoltare (o leggere) cosa comunica inizialmente, osservare la sua postura, osservare i suoi movimenti oculari. Il project manager (emettitore) può chiedere ad uno stakeholder (ricevente), ad esempio, come ha passato la giornata precedente. Se, nel rispondere, lo stakeholder comunica delle sensazioni (ad esempio usa i termini "ho passeggiato", "percepisco"), siamo di fronte ad un cinestetico, mentre se usa i termini "ho visto", "vedo in prospettiva" siamo di fronte ad un visivo. Pertanto, il project manager, per poter dialogare ed entrare in sintonia con lo stakeholder, deve usare dei termini tipici dell'interlocutore (cinestetici nel primo caso, visivi nel secondo). Non sempre è possibile fare delle domande, soprattutto con coloro che non conosciamo bene o che abbiamo conosciuto la prima volta. In questo caso, può intervenire un'analisi della postura, che mostra i nostri canali preferenziali. Un visivo ha una postura eretta, un tono di voce alto e gesticola verso l'alto. Un uditivo ha invece la testa piegata verso un lato, come se stesse dialogando al telefono, parla con tono di voce a cantilena e gesticola all'altezza del petto. Un cinestetico ha una posizione curva, ha un tono di voce basso e gesticola verso il basso. Infine, osservando come una persona muove gli occhi, mentre parla, possiamo capire i suoi canali preferenziali. Se lo sguardo è verso l'alto, la persona ha un canale preferenziale di tipo visivo, se lo sguardo è verso sinistra o destra, ma centrale, siamo alla presenza di un uditivo, mentre la persona sarà un cinestetico se guarda verso il basso.

Non è sufficiente comunicare tramite il canale di accesso per dialogare efficacemente con una persona. Il canale di elaborazione, in altre parole il modo con cui la persona elabora i concetti, è diverso dal canale di accesso e, appena entrati in sintonia con il ricevente, occorre capire quale canale (visivo, uditivo o cinestetico) questi usa per elaborare i messaggi ricevuti. I metodi per farlo sono analoghi a quelli usati per il canale di accesso. Se, ad esempio, lo stakeholder che ha mostrato un canale di accesso cinestetico continua a descrivere la sua giornata in termini visivi, vuol dire che elabora ciò che percepisce in termini visivi. Pertanto il project manager, dopo essere in sintonia con il collaboratore tramite l'uso del canale cinestetico individuato in precedenza, deve usare il canale visivo, ovvero usare termini evocativi d'immagini, per far sì che il ricevente comprenda il messaggio.

Quando si parla a più persone, le statistiche indicano che gli ascoltatori ricordano principalmente la parte visiva di un discorso, sia in termini d'immagini sia di *come* si parla (linguaggio paraverbale e non verbale). Questo non è in contrasto con quanto detto prima: queste statistiche indicano che la maggior parte delle persone utilizza canali visivi. Ad ogni modo, è buona norma usare, in questi casi, più canali, mentre si parla, come se ci si stesse contemporaneamente rivolgendo a visivi, cinestetici e uditivi.

I segnali del corpo, sia all'inizio della conversazione sia nei feedback, vanno analizzati con attenzione. Sintetizzerò brevemente l'analisi dei segnali del corpo con alcuni esempi, rimandando ai testi indicati in bibliografia per una trattazione esauriente sull'argomento:

- Sedersi con le braccia o gambe incrociate o su una sedia con lo schienale rivolto verso l'interlocutore, sono segnali di chiusura nei confronti dell'emettitore.
- Mantenere, durante una conversazione, la posizione delle punte dei piedi verso l'uscita denota il desiderio di terminare la discussione, o l'interesse verso altri.

Il project manager deve adeguare la sua strategia comunicativa in funzione di questi segnali. Ad esempio, di fronte ad atteggiamenti di chiusura corporea, il project manager potrebbe offrire qualcosa all'interlocutore per cercare di fargli aprire le braccia. Infatti, i cambiamenti di postura possono comportare un cambiamento nell'atteggiamento mentale.

La comunicazione scritta deve essere usata se c'è necessità di registrarne i contenuti. Vi è sempre più la tendenza a sostituire la comunicazione "faccia a faccia" con quella tramite posta elettronica, eliminando il contatto umano e non considerando, visto il mezzo usato, i vari segnali non verbali e paraverbali. Questo può comportare un aumento delle incomprensioni e degli equivoci, come potrei testimoniare personalmente in innumerevoli occasioni. Se possibile, invece delle email, è preferibile usare il telefono o le videoconferenze.

Passiamo ad alcuni consigli da seguire nelle comunicazioni interpersonali, per renderle efficaci:

- **Pianificate e scrivete i vostri obiettivi comunicativi**. Chiedetevi, pertanto, cosa volete ottenere e preparate il discorso o lo scritto in modo da pensare al raggiungimento dei vostri obiettivi. Se volete che uno stakeholder diventi positivo accettando determinate caratteristiche del progetto, dovreste spiegare, ad esempio, l'importanza del progetto rispetto ai suoi bisogni e alla sua missione. Anche se può sembrare noioso, questo metodo porta dei vantaggi e, alla lunga, riuscirete a pianificare in tempi brevissimi le comunicazioni più frequenti.
- **Nel comunicare, usate lo schema "Digli quello che stai per dire – Diglielo – Digli quello che gli hai detto"**. Fate, quindi, un'introduzione dell'argomento che state trattando, esponete il vostro messaggio e alla fine sintetizzatelo. In questo modo, non divagherete dal vostro obiettivo comunicativo.

- **Ascoltate con attenzione** quello che dicono gli altri, osservando e sforzandovi di comprendere l'atteggiamento non verbale. Cercate di capire se il vostro interlocutore è un visivo, un uditivo o un cinestetico e adeguate la vostra comunicazione ai suoi canali di accesso ed elaborazione.
- **Non interrompete i vostri interlocutori** ma ascoltate le loro ragioni, esponendo le vostre eventuali controdeduzioni quando il ricevente termina il suo discorso. Attenzione, soprattutto, alla gestione delle pause. Alcune persone sono solite averne molte, ma queste non indicano un discorso completato: è preferibile aspettare per capire se ha terminato, oppure chiedere se ha completato il suo ragionamento.
- **Focalizzatevi sul problema, non sulle persone**. Dovete risolvere un problema, senza incolpare il vostro interlocutore o fare affermazioni sul suo lavoro. Piuttosto che dire "Lei ha una percezione completamente errata del problema e le sue obiezioni sono il frutto di questo errore" dite invece "Il progetto risolve il problema che lei ha posto nel seguente modo: ... ". Se nel primo caso si comincia a colpevolizzare l'interlocutore, con la sola conseguenza di metterlo sulla difensiva, nel secondo si pone l'accento su una risoluzione al problema sollevato dallo stakeholder.

INFORMARE

Una strategia informativa può essere sufficiente al mantenimento o al cambiamento dello stato di uno stakeholder se quest'ultimo ritiene erroneamente che il progetto possa avere un impatto negativo sui suoi bisogni o sulla sua missione. La strategia comunicativa tesa a informare gli stakeholder, per essere efficace, deve essere tempestiva e diretta allo scopo, tenendo conto principalmente dei timori degli stakeholder interessati. Chiariamo, come sempre, con degli esempi.

- Un amministratore delegato può ritenere che il vostro progetto non abbia i ritorni economici desiderati e un adeguato controllo dei costi. Il project manager, per tranquillizzarlo, dovrà mostrare il piano di controllo e le misure dell'andamento dei dati economici di progetto.
- Un gruppo di pressione che non vuole la realizzazione di un'opera per via degli impatti ambientali può essere convinto mostrando come il progetto tende a rispettare l'ambiente.
- Un cliente può credere che il progetto subirà un ritardo nelle consegne o che la qualità del prodotto non sarà rispondente ai suoi bisogni. In questo caso il project manager mostrerà la tempistica prevista ed anche i documenti tecnici che garantiscono la qualità dell'opera.

Esistono molti libri sulla comunicazione (ne troverete un elenco nella bibliografia) cui fare riferimento per una corretta informazione e comunicazione con le persone. Qui voglio fornire alcune regole da seguire per riuscire ad avere un'informativa efficace e diretta allo scopo. Innanzitutto, occorre comprendere il *mezzo* da usare per comunicare con gli stakeholder. A volte, sono sufficienti i documenti previsti per il progetto o nelle procedure aziendali (si pensi, ad esempio, al rapporto sullo stato di avanzamento del progetto che interessa un capo divisione o un direttore generale). Anche in questo caso, però, è buona norma informare anticipatamente gli stakeholder su dove e quando leggeranno le informazioni che ritengono critiche e che, nel nostro caso, servono per ottenere o mantenere lo stakeholder favorevole al progetto. Se un project manager sente "voci di corridoio" in cui si afferma che il progetto sta diventando un disastro, mentre sta andando a gonfie vele, deve capire subito che qualche stakeholder sta denigrando il progetto. Pertanto, deve identificare gli stakeholder cui questa informazione distorta può arrivare e informarli sull'andamento positivo del progetto. In grandi progetti, quando i media riportano erroneamente questo tipo di notizie, si indicono conferenze stampa per evitare danni d'immagine o economici all'azienda. Per informare correttamente, occorre dapprima identificare *cosa* si vuole comunicare, cioè qual è il messaggio che si vuole convogliare allo stakeholder. Successivamente, si può procedere con i passi indicati nel paragrafo sulla comunicazione interpersonale. Una corretta informazione deve essere la prima strategia cui tendere per far cambiare in positivo o mantenere favorevole la percezione degli stakeholder.

PERSUADERE, INFLUENZARE E PRESSARE

La persuasione consiste nel convincere, tramite ragionamenti, una o più persone della bontà di un'argomentazione. La persuasione, per essere efficace, deve basarsi su argomentazioni che possono far leva, direttamente o indirettamente, sui bisogni degli stakeholder. Per persuadere una persona ostinatamente contraria al progetto si può far leva, ad esempio, sulla sua solitudine rispetto ad altre persone che sono, invece, a favore del progetto stesso o sui benefici che può ottenere. Ricordate di usare solo argomentazioni veritiere, altrimenti rischiate di ottenere l'effetto opposto a quello desiderato. Se la persuasione è un'attività della singola persona, e quindi del project manager, la strategia di influenzare consiste nel ricorrere ad altre persone che possono convincere positivamente uno o più stakeholder. Il modello descritto nei paragrafi precedenti ha mostrato gli effetti della capacità d'influenza degli stakeholder. Un'altra tecnica, spesso usata congiuntamente con tutte le altre, consiste nel supportare le proprie argomentazioni usando vincoli o considerazioni esterne al progetto. Esempi sono i vincoli temporali che si sfruttano per costringere a prendere una decisione immediata: si può cercare di far firmare dei documenti a qualcuno poco prima della sua partenza in aereo. La tattica del pressare tende a limitare notevolmente la libertà dell'altra parte e, pertanto, deve essere usata con cautela.

NEGOZIARE

Il project manager ricorrerà a questa strategia per raggiungere un accordo con uno o più stakeholder, cosa che avverrà di frequente nella vita del progetto. Un giusto approccio alla negoziazione consiste nel porsi le seguenti domande:

- *Qual è il mio potere negoziale nei confronti dello stakehold*er? Se tentate di negoziare a vostro vantaggio con il vostro capo, avrete certamente la peggio. Prima di iniziare ogni negoziazione, dovete capire il vostro potere negoziale, che diminuisce all'aumentare della posizione gerarchica dello stakeholder con cui dovete negoziare. Ad esempio, un project manager ha maggior potere negoziale con coloro che deve valutare, ne ha di meno con il proprio capo o con dei pari grado aziendali.

- *Ho il potere di prendere una decisione vincolante per il progetto?* In molti casi, il project manager non può prendere tali decisioni, poiché potrebbero avere un impatto sull'organizzazione aziendale o sugli obiettivi generali dell'azienda. Le organizzazioni hanno, di norma, delle procedure interne che regolano i poteri decisionali di un project manager. Quest'ultimo, in assenza di tali procedure, deve valutare caso per caso la necessità di coinvolgere altri stakeholder nella negoziazione.

- *Esistono dei vincoli temporali? Sono a mio vantaggio o svantaggio?* Il tempo è sicuramente uno dei vincoli principali, un altro è la locazione geografica delle riunioni di negoziazione. Se uno stakeholder indice nel suo ufficio una riunione negoziale qualche giorno prima di una scadenza temporale, pone gli altri in una situazione di evidente svantaggio, soprattutto se la scadenza è improcrastinabile.

- *Quali sono i miei obiettivi? Quali sono i bisogni e gli obiettivi dello stakehold*er? Prima di cominciare qualsiasi negoziazione, occorre definirne gli obiettivi. In altre parole, bisogna sapere cosa si vuole ottenere e cosa si può concedere. Non va dimenticato di definire la MAAN (la Migliore Alternativa ad un Accordo Negoziale), introdotto per la prima volta da Fisher e Ury. Questa consiste nella migliore alternativa che avete al proseguimento della negoziazione: un accordo tra le parti va raggiunto solo se è migliore della MAAN. Chiariamo questo concetto con un esempio, rimandando ai testi di Fisher e Ury per ulteriori approfondimenti. Quando il responsabile di unità non vuole concedervi le risorse, la migliore alternativa potrebbe essere quella di prenderle da un'altra azienda. Se questa scelta comporta un costo aggiuntivo al progetto, allora si potrebbe far intervenire nella negoziazione una figura aziendale in grado di decidere per quale delle due scelte optare (acquistare risorse umane sul mercato o usare quelle interne, anche a costo di ritardi su altri progetti).

Quando il project manager avrà risposto a queste domande, dovrà riflettere sul comportamento da seguire durante la fase negoziale. In generale, durante una negoziazione, entrambe le parti cercano di ottenere un risultato. Il comportamento migliore è quello improntato a una strategia che vede entrambe le parti vincenti (strategia *win-to-win*). In questo caso, i partecipanti alla negoziazione raggiungono obiettivi soddisfacenti per tutte le parti in causa. Non sempre, però, s'incontrano interlocutori disposti a una attuare tale strategia. Ecco alcuni suggerimenti per una negoziazione efficace, validi in entrambi i casi:

– *Usare criteri oggettivi*. Per arrivare a delle decisioni o per argomentare una propria richiesta, usate sempre dei criteri oggettivi per convincere gli stakeholder o coloro che partecipano alla negoziazione (incluse le persone che lavorano per voi). Esempi sono:
   o **Numer**i. Immaginiamo di avere un progetto che ha bisogno di un macchinario che costa 100mila euro. Se uno stakeholder volesse autorizzare l'acquisto di un macchinario meno costoso, ma più lento, l'argomento principale per convincerlo sarebbe proprio il ritardo temporale che ne conseguirebbe e le penali da pagare al cliente per questo ritardo.
   o **Leggi**. Consideriamo un progetto che prevede delle misure di sicurezza obbligatorie per legge. A degli stakeholder che volessero minimizzare l'uso di tali misure per diminuirne i costi, si obietterebbe che sono delle richieste legislative che devono essere osservate, pena problemi di tipo legale.
   o **Documenti vincolanti.** Possono essere i contratti con il cliente, le procedure aziendali o documenti interni a supporto della decisione di realizzare il progetto. I contratti riportano, tra l'altro, sia ciò che l'azienda deve consegnare al cliente sia i vincoli sulle attività. La mancata osservazione di questi obblighi contrattuali può comportare delle perdite economiche per l'azienda.

– *Separare le persone dai problemi*. A volte, le persone con cui negoziamo possono essere indisponenti. Possono avere comportamenti irritanti, che ci innervosiscono e ci inducono ad alzarci dal tavolo delle trattative. Per fronteggiare questi atteggiamenti, che hanno quasi sempre l'obiettivo di indebolirci, occorre concentrarsi sulla soluzione dei problemi posti dalla negoziazione. Se qualcuno vi dice "Non avete capito nulla di quanto ho detto, devo dire al vostro capo che non siete adatto a stare al tavolo con me.", dovete armarvi di pazienza e rispondere, per esempio, dicendo "Può darsi che non capisco. Cerco di riassumere quanto lei mi ha detto…", in modo da superare un eventuale problema di comunicazione e avere una base comune su cui dialogare. L'importante è non innervosirsi, anche per evitare che questo faccia il gioco della controparte.

- *Evitare confronti di opinioni.* Un'opinione è un'idea che una persona ha in merito a qualcosa. Difficilmente le persone hanno la stessa opinione su determinati argomenti (si pensi, ad esempio, alle opinioni politiche). Qualche stakeholder può addirittura pensare che stiate gestendo pessimamente il progetto, mentre altri ancora potrebbero essere convinti della sua inutilità. Se durante la negoziazione emerge qualche opinione che non condividete, lasciate perdere ogni discussione a riguardo. Cercate di trovare, invece, delle opzioni utili al raggiungimento degli obiettivi in un'ottica win-to-win, raggiungendo, cioè, i vostri obiettivi ed anche quelli degli interlocutori.

- *Non impantanarsi in questioni di principio.* Un principio è una regola che qualcuno considera ferma e immutabile. Proprio per sua definizione, non è negoziabile e modificabile. Pertanto, il project manager, durante una negoziazione, non deve discutere le questioni di principio con gli interlocutori. Deve, invece, cercare di trovare delle soluzioni che soddisfano sia la voglia di "principi" voluta dagli interlocutori che i propri obiettivi. Se, ad esempio, per una persona è vitale e non negoziabile il firmare un trattato solo dopo la firma del project manager, è inutile cercare di fargli cambiare idea. Conviene assecondarlo e cercare, se è il caso, una qualche concessione in cambio.

- *Non farsi sopraffare dalle emozioni.* Durante una negoziazione, è molto facile che, a causa dello stress, qualcuno si faccia sopraffare dalle emozioni. A volte, le emozioni affiorano perché provocate ad arte dagli interlocutori, che vogliono innervosirvi per poi gestire meglio tutta la fase negoziale. Non cadete in queste trappole. Se state per farvi sopraffare dalla rabbia e state per reagire in qualche modo, aspettate un attimo e fate in modo che le vostre emozioni non prendano il sopravvento. Potete anche chiedere di sospendere temporaneamente la negoziazione, è nel vostro diritto.

Durante le negoziazioni, è utile comprendere gli stili comunicativi degli interlocutori, in modo da raggiungerli più efficacemente. Usate, pertanto, immagini se sono visivi, parole se sono degli uditivi, mentre, per gli altri, usate dei termini cinestetici. Inoltre, verificate il loro atteggiamento corporeo: se sono chiusi oppure mostrano apertura. L'insieme di queste informazioni è utilissima sia per comprendere lo stato d'animo degli interlocutori che per comunicare nella maniera migliore.

I COLLABORATORI DI PROGETTO

STILI DI MANAGEMENT E LEADERSHIP

Poniamoci un problema: come comportarsi per gestire i propri collaboratori che, come abbiamo visto, sono degli stakeholder importanti? In altre parole, chiediamoci quale stile di gestione occorre usare per ottenere il meglio dai propri collaboratori. Mc Gregor, negli anni '60, ha indicato due stili di management: lo *stile X* e lo *stile Y*. Il primo si basa sull'assunto che occorre un controllo totale e rigido della forza lavoro, che deve essere costantemente supervisionata e monitorata. Il credo del manager che si basa su questo stile è che le persone sono tendenzialmente pigre e, se possono, eviteranno di svolgere il lavoro dato. Per questo motivo, il manager deve esercitare un controllo quasi dittatoriale sui propri collaboratori, inasprendo i meccanismi per controllarli. Il manager con lo stile Y, invece, è completamente agli antipodi. Crede che il lavoro sia qualcosa di naturale per gli uomini, che le persone possono automotivarsi, possono ambire a ruoli di maggiori responsabilità, collaborano al raggiungimento degli obiettivi e non richiedono un rigido controllo, perché automotivati a raggiungere risultati che rafforzano la loro autostima. Con lo stile Y di management, si coinvolgono le persone nelle decisioni, in modo da ottenere una reciproca soddisfazione. Come si può intuire, lo stile Y si basa sul soddisfacimento dei bisogni di Maslow posti a livello più alto della scala gerarchica, mentre lo stile X tende a soddisfare, magari con il terrore, solo i bisogni più bassi, come quelli fisiologici. Un terzo stile di management, ideato da Ouchi, è lo *stile Z*, che prevede un trattamento egualitario per tutti i lavoratori, con una compartecipazione di questi ultimi alle decisioni aziendali (nel nostro caso, di progetto). Le strutture di controllo, con questo stile, non sono rigide ma informali, con i lavoratori che misurano i propri risultati, verificandone il continuo miglioramento. Il manager (e l'organizzazione aziendale) deve tendere a mantenere la lealtà del lavoratore verso l'azienda focalizzandosi sul benessere, sia interno sia esterno all'ambiente lavorativo, di quest'ultimo. In questo modo, secondo lo stile Z, si ottengono delle prestazioni migliori, maggiore produttività e un morale più alto. Chiediamoci: quale stile deve avere il project manager? La risposta è: dipende dai contesti in cui si opera. Se occorre gestire delle crisi, queste richiedono sempre delle risposte rapide ed efficaci, tempi brevi di esecuzione. In questo caso, lo stile più efficace è lo stile X, in cui occorre essere direttivi e, a volte, autoritari. Se ci riflettete, una gestione di tipo Y o Z, in cui è richiesta una partecipazione di tutti e molte discussioni, non è idonea a gestire degli eventi di crisi. In questi casi, il project manager deve coordinare al meglio i propri collaboratori, impartendo degli ordini per uscire dalla crisi in tempi brevi. Prendiamo il caso di un project manager che subentra a un collega che ha lasciato una situazione di gestione caotica, con tutti gli obiettivi difficilmente realizzabili. Il project manager incontrerà delle resistenze da parte dei collaboratori che ha ereditato dalla precedente gestione, se vorrà applicare le tecniche di project management per garantire i risultati richiesti. Infatti, i collaboratori saranno stati abituati a non pianificare e, molto probabilmente, a non essere sottoposti a controlli. D'altra parte, non si può cambiare completamente la squadra, poiché conoscono bene le caratteristiche del progetto. Come si deve comportare il project manager in questa situazione? Conviene che inizialmente adotti lo stile X con lo scopo di ottenere una gestione del progetto che rispecchi i requisiti minimi del project management. In questo modo, farà comprendere ai suoi collaboratori la bontà di adottarne i metodi. Quando sarà instaurato un clima di fiducia, potrà passare (anzi, è consigliabile che lo faccia) a uno stile più partecipativo (Stile Y o Z). Nella maggioranza dei progetti, infatti, le persone hanno delle buone competenze e sono in grado di lavorare in autonomia, con buoni risultati. Pertanto, gli stili di management più appropriati sono lo stile Y o lo stile Z. Inoltre, ricordate che lo stile che userete sarà anche usato dai vostri collaboratori. Questo è vero per tutti i comportamenti che il project manager adotterà: se il project manager sarà sgarbato con i suoi collaboratori, questi saranno sgarbati con i propri; se il project manager sarà lassista con i collaboratori, questi lo saranno con i propri, e così via. Attenzione, pertanto, ai vostri comportamenti.

Il project manager moderno deve incarnare la figura di un trascinatore verso obiettivi da far condividere. In altre parole, deve essere autorevole per fronteggiare tutte le situazioni che accadono durante la vita di un progetto. Chiediamoci: essere leader è qualcosa d'innato o s'impara? Quali sono i tratti caratteristici di un leader? È opinione diffusa che la leadership non è innata. Cerchiamo allora di capire quali comportamenti deve avere il project manager per essere un leader. Innanzitutto, deve essere fortemente orientato agli obiettivi e alla missione del progetto. L'insieme di queste due cose deve diventare la sua *visione* del progetto. Poiché deve essere orientato ai risultati, non deve mai abbandonare la sua visione, soprattutto nei momenti critici in cui i collaboratori disperano di realizzare i risultati previsti. Per fare questo, il project manager deve anche *trasmettere* e *comunicare* ai suoi collaboratori la propria visione, spronandoli ad adottarla e a perseverare per raggiungere gli obiettivi di progetto. Se un project manager osserva queste due semplici regole, otterrà parecchio dai suoi collaboratori. Rimangono però dei comportamenti che un buon leader deve avere nelle relazioni interpersonali. Innanzitutto, deve *focalizzarsi sulla situazione e su come risolvere i problemi*, invece che sulla persona che li sta creando. Inoltre, il project manager *deve avere fiducia* nei propri collaboratori, pensando che agiranno secondo le sue aspettative. Se qualche collaboratore tradisce la vostra fiducia, sarà solo per una volta, poiché dovrete chiarire, sempre focalizzandovi sul problema e mai sulla persona, i problemi che derivano dal suo comportamento. Se la fiducia sarà ancora tradita, prenderete dei provvedimenti adeguati.

Il project manager deve anche *mantenere delle relazioni positive con i propri collaboratori*, i propri pari livello all'interno dell'organizzazione e con il management. In alcune aziende non molto sane, questo tipo di comportamento può essere interpretato come ingenuo, poiché le lotte per ottenere aumenti o promozioni sono all'ordine del giorno. Non preoccupatevi. In realtà, anche in questi casi l'atteggiamento migliore da avere è proprio quello di mantenere relazioni positive. Questo non vuol dire che il project manager non deve replicare ad attacchi ai suoi collaboratori o alla sua conduzione del progetto. Lo deve fare usando argomenti oggettivi, adducendo a testimonianza i risultati ottenuti. In altre parole, non deve mai personalizzare lo scontro con le persone che lo attaccano, ma deve, invece, ragionare sulle situazioni. D'altra parte, il top management non guarda di buon occhio le situazioni di conflitto, se non altro perché turbano la quiete del "sistema" azienda. Il project manager deve anche *essere onesto*, evitando di mentire o di fare doppi giochi con i propri collaboratori. La mancanza di onestà può generare dei conflitti e far perdere quelle caratteristiche di leadership che tanto faticosamente il project manager è riuscito ad ottenere.

COSTRUIRE IL TEAM

Il project manager, oltre che ottenere i propri collaboratori dai responsabili delle Unità Organizzative (UO) aziendali, dovrà far assegnare al project office e ai team leader le risorse (umane e non) per svolgere le attività. Questa fase non è semplice e, a volte, occorre armarsi di pazienza e di una buona dose di capacità negoziali. I responsabili di UO, infatti, possono avere degli obiettivi in contrasto con quelli del project manager. Ad esempio, potrebbero voler usare le stesse persone su più progetti, in contrasto con la necessità, tipica di un project manager, di avere persone che lavorano esclusivamente al suo progetto. Occorre negoziare, prevedendo in anticipo determinati scenari e, quindi, prepararsi di conseguenza. Se un responsabile di UO, durante questa fase, si ostina a non fornire le risorse necessarie, il project manager deve analizzare le conseguenze di questo rifiuto. Nel caso vi sia un reale danneggiamento del progetto (ritardo o altro), dovrà immediatamente parlarne con lo sponsor interno o con il top management, in modo da verificare eventuali alternative. Ad esempio, assumere del personale con determinate competenze o servirsi di aziende che forniscono consulenti. In entrambi i casi, occorrerà sempre svolgere un colloquio preliminare con le persone, per valutare non solo le loro capacità tecniche, ma anche altri aspetti legati alla cultura dell'azienda e del progetto, come, ad esempio, la capacità di lavorare con altre persone. Una volta ottenute le risorse, la prima attività che un project manager deve svolgere è costruire una squadra (*team*) affiatata che lavori per realizzare gli obiettivi del progetto. Chiediamoci: cosa è un team? E in cosa si differenzia rispetto a un gruppo di persone che lavorano? Un gruppo è un insieme di persone che svolge delle attività. Ha un leader riconosciuto che indica le attività da svolgere, che i componenti del gruppo eseguono senza relazionare con gli altri, salvo che non sia richiesto dal leader. Purtroppo, i lavori di gruppo non sfruttano appieno i contributi e le potenzialità dei singoli componenti. Questo limite è superato dal team, che ha caratteristiche precise che lo contraddistinguono dai gruppi perché:

– **Il leader favorisce lo scambio di opinioni e le interdipendenze tra i membri del team.** Le persone sono spronate a lavorare insieme per raggiungere i propri obiettivi e, quindi, a contribuire al successo del progetto. Nel lavoro di gruppo, invece, le persone a volte cercano un guadagno personale a spese del gruppo.

– **Il leader delega.** Il leader ha fiducia nel lavoro dei suoi collaboratori, e non esercita una stretta supervisione delle loro attività. Inoltre, li incoraggia a prendere delle decisioni, svolgendo una funzione di allenatore (*coach*). In questo modo, si soddisfano i bisogni più alti della gerarchia di Maslow, senza mortificare le professionalità delle persone. Nei gruppi, invece, è frequente l'uso di "giochi politici" che minano la credibilità dei singoli partecipanti. Inoltre, nei gruppi le persone non partecipano alle decisioni che riguardano il gruppo.

– **Committment da parte dei membri del team.** Il leader deve ottenere l'impegno dei collaboratori a lavorare come squadra e a realizzare gli obiettivi del team. Il lavoro di gruppo non prevede questo tipo di partecipazione.

– **La comunicazione in un team è franca e aperta.** Le persone si fidano del leader e dei colleghi per via di quest'apertura nella comunicazione. Questo comporta comunicazioni veloci che rendono efficiente il team. Nei gruppi, i ruoli non sono chiari e le comunicazioni avvengono attraverso il leader.

– **Orientamento al task.** Un team ha degli obiettivi da raggiungere, che nel caso di un progetto, ad esempio, riguardano i risultati delle attività da svolgere. Ogni componente del team deve lavorare per il raggiungimento di questi obiettivi, anche aiutando chi è in difficoltà.

– **Il team è addestrato a raggiungere i propri obiettivi e a gestire eventuali conflitti** che possono sorgere, cercando di farli diventare delle opportunità. Anche in questo caso, il leader ha il ruolo del coach. Nei lavori di gruppo, invece, il leader e i collaboratori spesso lasciano irrisolti i conflitti, con conseguenze sul morale e sulla motivazione delle persone.

Il lavoro in team conduce a performance migliori rispetto ad altre modalità lavorative. Studi (v. [15] e [16]) hanno dimostrato che i team seguono, nel loro ciclo di vita, degli stadi sequenziali, chiamati Forming, Storming,

Norming, Performing e Adjourning. Nel primo stadio (*Forming*), i membri del team cercano di scoprire quali comportamenti sono accettati all'interno del team, basandosi sulle reazioni del leader e degli altri membri. Il leader, proprio perché si è in una fase di accettazione e di scoperta, dovrà organizzare il team, comportandosi da coach nei confronti dei membri. Pertanto, dovrà assegnare delle mansioni, evitando le duplicazioni di ruoli, sempre foriere di conflitti. I ruoli dei membri del team devono essere noti a tutti i componenti del progetto. In questo modo, infatti, oltre ad avere un'organizzazione efficace, si responsabilizzano i collaboratori. Inoltre, il team leader dovrà definire gli obiettivi, condividendoli, insieme alla missione e ai valori del progetto, con tutti i componenti. Pertanto, si dovrà, come per il progetto, preparare un *team charter* che, in analogia con il project charter, conterrà:

- La data di creazione del team;
- I membri del team;
- Gli obiettivi e la missione del team;
- La tempistica prevista per il raggiungimento degli obiettivi.

Il team leader dovrà individuare, insieme ai membri del team, gli standard di comportamento del team stesso. Farlo è importante, perché aiuta a spersonalizzare i conflitti tra i membri del team. Dovrà essere aperto e onesto, in modo da generare fiducia, e dovrà ascoltare attivamente i propri collaboratori, sia nella comunicazione verbale che non-verbale e paraverbale. Un aspetto importante è l'addestramento dei membri del team. Non sempre tutte le risorse hanno le competenze per svolgere il proprio lavoro. Proprio perché unici, i progetti tendono a esaltare determinate caratteristiche tecniche non sempre rintracciabili sul mercato. Pertanto, se necessario, occorrerà prevedere dei periodi di addestramento per, ad esempio, impratichirsi con gli strumenti da utilizzare, imparare le metodologie o le tecnologie da usare. Anche i team leader, soprattutto se alle prime armi, possono avere necessità di formazione manageriale. Il project manager dovrà prevederla, cercando, se è il caso, di fare lui stesso da addestratore e da coach. In questa fase, il team leader deve essere direttivo e deve facilitare la conoscenza dei membri del team. Infine, deve ottenere, come risultato, il committment e l'accettazione di tutti.

Nel secondo stadio (*Storming*) sorgono dei conflitti tra i membri del team, che cercano di far prevalere le individualità rispetto al dover lavorare insieme. Questi conflitti si possono esprimere sia verso membri del team sia verso lo stesso team leader. Possono essere silenti e scoppiare nei momenti meno opportuni. In queste situazioni, il team leader deve armarsi di pazienza e lavorare per creare il senso di appartenenza al team. Alcuni membri, infatti, potrebbero voler imporre le proprie idee agli altri e, quindi, bisogna evitare che quest'ultime siano accettate supinamente da coloro che tendono a evitare i conflitti. Pertanto, il team leader deve analizzare le argomentazioni dei membri in maniera oggettiva, senza cadere nei personalismi (dovrà far osservare gli standard comportamentali individuati nella fase di Forming), favorendo un colloquio franco e aperto. È anche possibile che alcuni si focalizzino su minuzie per evitare i veri problemi. In ogni caso, il team leader dovrà "ascoltare" attivamente i propri collaboratori, cercando di comprendere le vere motivazioni dei conflitti. La fase di storming è necessaria per la crescita del team, e non deve essere demonizzata, ma gestita opportunamente. In questa fase il team leader deve essere direttivo, pur essendo più accessibile alle opinioni degli altri membri.

Nella terza fase (*Norming*) si sviluppa la coesione del team. Si sono superati i conflitti e i membri del team accettano sia il team leader sia gli altri membri, desiderano mantenere il team e generano nuove norme di comportamento. Si comunica apertamente per risolvere i propri problemi, chiedendo consigli agli altri membri e fornendo dei feedback costruttivi. È in questa fase che il team leader deve spingere per elaborare un piano di comunicazione del team, per definire, ad esempio, quando riunirsi, quali canali comunicativi usare, con quale frequenza comunicare, e così via. I componenti del team interagiscono tra loro per raggiungere gli obiettivi e il team leader deve favorire questo atteggiamento che, come abbiamo visto, è l'essenza di un team. In questa fase, si misurano le performance sia dei singoli sia del team. Il team leader, inoltre, deve ottenere il massimo coinvolgimento degli elementi del team per raggiungere gli obiettivi. Per farlo, deve comportarsi da facilitatore, con uno stile di management partecipativo. Deve fare molta attenzione, però, che il team non si dia regole rigide, che ne blocchino la creatività e, di conseguenza, i metodi di miglioramento. Un po' di humour, anche per svelenire eventuali strascichi della fase precedente, non guasta.

Nella quarta fase (*Performing*) il team diventa uno strumento per risolver i problemi del progetto. Lo fa usando le relazioni stabilite nella fase precedente, e i membri del team lavorano insieme per raggiungere obiettivi comuni senza la necessità di una supervisione. I membri del team sono in grado di prendere decisioni da soli, e raggiungono un alto grado di competenza e indipendenza. Il leader deve essere sempre più partecipativo, coinvolgendoli nelle decisioni di progetto. Ad ogni modo, il team leader deve fare attenzione a cogliere eventuali segnali di regressione negli stadi precedenti. Ad esempio, nuove persone che entrano a far parte del progetto o cambi di leadership possono riportare il team nella fase di storming, con tutte le dinamiche già analizzate. In ognuno di questi stadi il ruolo del team leader cambia. Pertanto, il project manager e i team leader dovranno riconoscere in quale stadio si trova il proprio team e agire di conseguenza.

L'ultima fase nello sviluppo del team, chiamata *Adjourning*, avviene durante la chiusura del progetto, in cui tutte le attività sono completate e il team si deve smembrare. È un momento molto delicato in quanto:

- La motivazione delle persone tende ad affievolirsi e i bisogni di sicurezza, i bisogni fisiologici alla base della gerarchia di Maslow, tendono a riaffacciarsi;
- Predomina l'ansietà per la separazione dal team leader e dagli altri membri del team;
- Le persone tendono alla malinconia e alla tristezza;
- Prevalgono sentimenti di commozione e di affetto nei confronti del team leader e degli altri membri del gruppo.

In questa fase, il project manager e i team leader devono mantenersi, per quanto possibile, emotivamente distaccati. D'altra parte, è semplicemente terminato un aspetto della propria attività lavorativa che, si spera, continui con altri progetti. Il project manager deve:
- Raccogliere nuove idee da proporre al cliente o allo sponsor. Il project manager deve pianificare questa fase di raccolta.
- Far svolgere al team un'autovalutazione del lavoro eseguito, raccogliendo i feedback per usarli in progetti futuri.
- Parlare con il top management del proprio futuro e di quello del team. Il project manager dovrebbe discutere di questi aspetti in anticipo rispetto alla fase di chiusura del progetto. Dovrà, quindi, svolgere un lavoro preparatorio con lo sponsor, per capire come non disperdere il patrimonio umano e di competenze che ha il progetto. Dovrà anche parlare con i responsabili diretti dei propri collaboratori e, più in generale, delle persone coinvolte a tutti i livelli, per capire quale futuro s'intravede per tutti loro.

Il project manager dovrà anche prevedere una riunione finale per celebrare i risultati positivi del progetto, facendo intervenire anche lo sponsor o il cliente finale. In quest'occasione, si dovrebbero premiare i "campioni", coloro che hanno contribuito maggiormente alla riuscita del progetto o che si sono particolarmente distinti nelle varie attività. L'obiettivo finale del project manager sarà il gestire al meglio la fase di separazione, che è il tema centrale della gestione delle risorse umane in questa fase. Deve, quindi, creare, nei collaboratori e nei team di quest'ultimi, la soddisfazione di aver lavorato per il progetto, rimanendo al contempo distaccato emotivamente.

VALUTAZIONI DEL PERSONALE E FEEDBACK

La situazione peggiore per una persona che lavora in un progetto consiste nel sentirsi dire: "Il lavoro che hai fatto otto mesi fa non era buono e, da allora, il tuo modo di comportarti con gli altri membri del team non è stato soddisfacente. Difficilmente avrai l'aumento". Aspettare otto mesi per dare un giudizio, non è proprio il massimo della gestione. Le persone che lavorano su un progetto si aspettando non solo i soldi della busta paga, ma anche una crescita professionale. Il project manager e i loro capi devono comprendere questo bisogno (ricordate la scala di Maslow?) e devono usare strumenti adeguati per valutare i propri collaboratori. Infatti, valutazioni non legate a un percorso di crescita professionale portano a demotivazione e all'innalzamento di barriere difensive da parte del personale. Se siete in un'azienda in cui la prassi della valutazione del personale è consolidata e ben accettata, siete fortunati. Potete, probabilmente, seguire dei percorsi di valutazione e chiedere suggerimenti ad altri colleghi o al vostro capo. Se, viceversa, questa valutazione non esiste, avrete dei seri problemi a motivare il personale: dovete cercare di creare un sistema di valutazione interno al progetto. In entrambi i casi, dovete valutare i vostri collaboratori. Infatti, anche se siete in un'organizzazione a matrice e, quindi, i vostri collaboratori non sono alle vostre dirette dipendenze, non potete aspettare che siano altri a valutarli. In fondo, queste persone lavorano a stretto contatto con voi, che conoscete le loro reali capacità e comportamenti. Pertanto, è della massima importanza che l'azienda contempli il contributo alla valutazione del personale da parte del project manager o dei team leader. Non farlo porterebbe a valutazioni non oggettive da parte di chi non ha contatti "sul campo" con chi lavora sul progetto. Una buona valutazione parte dall'assegnare alla singola persona degli obiettivi, che devono essere raggiunti in un determinato arco temporale. Gli obiettivi devono essere sia di tipo quantitativo che qualitativo. I primi devono, come per l'ambito del progetto, essere specifici, misurabili, raggiungibili e tempificati. Esempi di obiettivi quantitativi sono "terminare le prove di collaudo una settimana prima del tempo previsto", "far diminuire i costi dei fornitori del 10%", e così via. Gli obiettivi qualitativi devono, invece, riguardare gli aspetti che hanno impatto sul lavoro e che sono considerati fondamentali all'interno della cultura aziendale. Esempi di tali aree da valutare sono:

- La capacità di lavorare in team;
- L'orientamento a risolvere i problemi;
- La capacità di gestire i conflitti;
- La leadership;
- Come ci si correla con gli stakeholder (ad esempio il cliente);
- Le capacità di comunicazione;
- L'orientamento al risultato.

Tutti questi tipi di obiettivi devono essere condivisi e integrati con quelli assegnati dal diretto responsabile della persona e, in caso di conflitti, occorrerà armonizzarli senza impattare il progetto.
La valutazione del project manager dovrebbe essere legata ai risultati del progetto, sia intermedi che finali. Conviene assegnare al project manager un

target di obiettivi, con differenti premi in funzione del loro raggiungimento. Questo sistema dovrebbe essere utilizzato anche per i vari collaboratori del progetto.

I responsabili di progetto dovranno monitorare l'andamento lavorativo delle persone durante il periodo di valutazione, fornendo loro dei *feedback*. Il feedback, in questo contesto, è una comunicazione, rivolta a un'altra persona, che ha come obiettivo il cambiamento o il rafforzamento di un comportamento. Un project manager, che nota la difficoltà di un suo collaboratore nell'inserirsi in un team o a collaborare adeguatamente, dovrà comunicargli che il suo comportamento non è adeguato, fornendo, eventualmente, dei suggerimenti per migliorarlo. Per fornire dei feedback in maniera efficace, occorre seguire le seguenti regole:

- *Il feedback deve essere tempestivo.* Un comportamento non adeguato deve essere immediatamente individuato e notificato alla persona interessata.

- Il *feedback non deve essere una valvola di sfogo.* Non dobbiamo sfogare la nostra rabbia sul primo malcapitato cui dare un feedback. Né occorre personalizzare il feedback, parlando delle capacità della persona o di altro.

- *Il feedback non deve riprendere comportamenti o errori del passato.* Il feedback deve essere correlato al comportamento attuale, senza riprendere o, peggio, insistere su errori del passato. Dire "E continui a commettere sciocchezze come quella fatta due anni fa!" serve solo a mettere sulla difensiva l'altra persona.

- *Il feedback negativo non deve essere fornito alla presenza di altre persone.* Questo è molto importante. Se dare un feedback positivo quando ci sono altri colleghi può contribuire alla motivazione della persona, occorre assolutamente evitare di fornire feedback negativi in presenza d'altri. I motivi sono abbastanza ovvi, anche se raramente seguiti dai manager: imbarazzo delle altre persone, demotivazione e così via.

- *Occorre concordare un'azione di miglioramento.* Le azioni da intraprendere per migliorare ed evitare il ripresentarsi del comportamento da modificare vanno concordate con la persona cui è rivolto il feedback migliorativo.

Per comunicare il feedback, usate anche qui l'aurea regola vista in precedenza "Digli quello che stai per dire – Diglielo - Digli quello che gli hai detto". Occorre, però, fare attenzione a come comunicare il feedback negativo a persone con bassa stima di sé. Per evitare di rinforzare la loro bassa autostima, occorre parlare delle cose positive fatte in passato, individuando poi le azioni di miglioramento e concordandole insieme. Infine, il project manager o il responsabile di team di progetto non deve dimenticare di lodare i comportamenti positivi o, in ogni caso, dare i feedback positivi, che servono ad alzare il morale delle persone e a motivarle. Il comportamento, che hanno molti manager, di non considerare i feedback positivi, ma solo quelli negativi, è sbagliato e, alla lunga, ha effetti deleteri sull'intera organizzazione e sulla produttività delle persone.

Il completamento della valutazione del personale avviene con il *colloquio di valutazione*, in cui il project manager valuta i propri collaboratori in funzione degli obiettivi assegnati. Alcune aziende adottano il sistema di fare due colloqui l'anno, altre uno solo verso la fine dell'anno. È opinione di chi scrive che, per i progetti, è sufficiente un colloquio di valutazione con dei feedback intermedi. In organizzazioni a matrici, si pone il problema di sapere con chi sostenere il colloquio: con il project manager, con cui la persona ha lavorato per tutto il periodo, o con il responsabile della UO cui appartiene la persona? Il caso si complica ulteriormente, quando una persona lavora su più progetti e, quindi, vi sono più project manager coinvolti. In generale, è preferibile che il colloquio sia sostenuto da chi ha indicato gli obiettivi ed ha monitorato le attività della persona. In altre parole, è preferibile che il project manager svolga i colloqui con i propri collaboratori, i vari responsabili di progetto con i componenti del proprio team, e così via. Tra il responsabile del progetto che valuta una persona e il responsabile di UO cui appartiene quest'ultima, deve esserci uno scambio d'informazioni sull'andamento del collaboratore oggetto di valutazione, sia in termini di feedback sia di obiettivi da raggiungere e raggiunti. Questo per evitare che il responsabile dell'UO caschi dalle nuvole se il proprio collaboratore si lamenterà dell'esito della valutazione. In questo caso, l'imbarazzo del responsabile UO potrebbe avere, come conseguenza, dei conflitti con il project manager e, eventualmente, con il team leader. Pertanto, dialogare con il responsabile UO sui comportamenti e sull'andamento delle prestazioni di un suo collaboratore, diventa essenziale per armonizzare la valutazione sulla persona. Il colloquio di valutazione, infine, è un momento molto delicato, perché la maggior parte delle persone ritiene di meritare un punteggio superiore alla media, ipervalutando le proprie attività rispetto al giudizio ottenuto. L'aver individuato degli obiettivi, ben definiti e quantitativi, aiuta a superare le obiezioni di una persona che ritiene, a torto, la propria prestazione superiore alla media.

GESTIONE DEI CONFLITTI

In un progetto, i conflitti sorgono non solo tra i membri del team, ma anche con gli altri stakeholder. Se i primi sono, come già visto, un momento di crescita del team, i secondi, invece, devono essere gestiti evitando conseguenze negative. I conflitti possono essere riconducibili a tre tipi:
–   Conflitti sugli obiettivi di progetto;
–   Conflitti amministrativi;

- Conflitti interpersonali.

Analizziamo insieme le loro cause, cercando di dare delle indicazioni su come gestirli e prevenirli.

CONFLITTI SUGLI OBIETTIVI DI PROGETTO

Questi conflitti sorgono dalla percezione di uno o più membri del team di:
- *Pianificazione temporale non fattibile o in conflitto con le attività da svolgere.* Se la pianificazione è avvenuta in maniera collegiale, questo tipo di conflitto non dovrebbe sussistere. Ad ogni modo, le persone che nella fase di pianificazione avevano espresso dubbi sulla tempistica, potrebbero ripresentare le proprie perplessità. Il project manager deve capire la vera natura dell'obiezione, se puramente psicologica, tecnicamente utilizzabile o se nasconde altri tipi di considerazioni, ispirate da altri. In quest'ultimo caso, occorre parlare direttamente con la persona ispiratrice, se quest'ultima è in una posizione gerarchica capace di influenzare la persona che si pone in conflitto. Se, invece, non può influenzare chi si pone in conflitto (immaginate un collega anziano che "convince" un giovane collega della bontà della sua idea), probabilmente c'è un caso di "lotta intestina", dove qualcuno cerca di screditare il progetto. Il project manager, per evitare ripercussioni, deve parlarne con il management, se lo ritiene opportuno.
- *Requisiti non fattibili.* Requisiti inizialmente accettati possono in seguito rivelarsi, nella realizzazione, più complessi del previsto. In questi casi, il project manager deve chiedere di studiare possibili soluzioni che soddisfano quanto richiesto. Nel fare ciò, deve far lavorare chi ha sollevato il problema con gli altri che non hanno avuto la stessa sensazione. In questo modo, si sfrutterà la "chimica" del team, dove la somma dei contributi è superiore a quella dei singoli membri. Ad esempio, il project manager potrà dire "Mario, mi pare che Lucia non abbia avuto questo tipo di problemi. Parlane con lei e trovate insieme una soluzione: magari esce fuori un punto di vista interessante". Se i requisiti non sono fattibili, allora occorre parlarne con i clienti, cercando di negoziare delle soluzioni alternative. Ad ogni modo, è una situazione ad altro rischio per il progetto e l'azienda: occorrerà, pertanto, uno sforzo di tutto il team di progetto per risolverla.
- *Carenza di informazioni.* La mancanza d'informazioni, sia interna sia esterna, può generare dei conflitti perché sorgente di confusione. In assenza di informazioni chiare e precise, le attività da svolgere possono generare delle ambiguità deleterie per il progetto. In questi casi, si procederà richiedendo le informazioni mancanti, indicando anche le conseguenze che la loro assenza può avere sul progetto. Questa richiesta

può essere fatta con tranquillità solo se chi deve soddisfarla è uno stakeholder favorevole al progetto. Se invece lo stakeholder fosse negativo, piuttosto che chiedere passivamente conviene essere proattivi: riempire di contenuti le informazioni mancanti e inviarle per approvazione a chi non le ha fornite, indicando anche dei limiti temporali di accettazione. In questo modo, si dimostra che, indipendentemente da eventuali mancanze, il progetto proseguirà.

- *Risorse non sufficienti per il raggiungimento degli obiettivi.* Questo caso è frequente se la pianificazione non è stata concordata all'interno del progetto. Ad ogni modo, in questi casi occorre far riferimento all'analisi dei rischi. Se, ad esempio, sono necessarie più persone per evitare ritardi, s'intraprenderanno le azioni di mitigazione previste. Una buona gestione dei rischi porta anche a gestire meglio eventuali conflitti. L'analisi dei rischi e le azioni di mitigazione previste, infatti, forniscono al team una certezza operativa, evitando discussioni inutili e improduttive.

Un altro tipo di conflitto, abbastanza frequente, deriva dalla *presenza di più soluzioni tecniche, proposte da più membri del progetto.* All'interno di un team, le persone possono avere diverse opinioni su come raggiungere un obiettivo o realizzare una soluzione. Questo può comportare conflitti interni, che non devono diventare, però, conflitti interpersonali. Il modo migliore per gestirli consiste nell'individuare dei criteri, condivisi dal team, tramite i quali valutare le varie soluzioni proposte. Le soluzioni escluse non devono, però, essere cestinate o, peggio, derise, altrimenti lo stato di conflitto diventerebbe di tipo interpersonale. Piuttosto, il team leader deve documentare tutte le ipotesi alternative, anche mostrando al cliente o allo sponsor i risultati delle analisi svolte. In questo modo, si otterrà anche il risultato di rassicurare le persone che altrimenti, avendo proposto soluzioni non selezionate, potrebbero immaginare una loro penalizzazione. Al contrario, il project manager deve incoraggiare il sorgere di atteggiamenti propositivi, anche se portano a conflitti di tipo tecnico.

CONFLITTI AMMINISTRATIVI

Sono i conflitti su aspetti gestionali e organizzativi. Possono riguardare:
- *Procedure.* A volte, possono sorgere dei conflitti sulle modalità di accettazione di soluzioni tecniche o, più in generale, dei lavori o dei prodotti intermedi. Anche sui rapporti da preparare possono sorgere conflitti (chi li deve preparare? A chi distribuire i rapporti? e così via). Se l'organizzazione di progetto e la matrice di responsabilità sono chiare, i conflitti non dovrebbero sussistere.
- *Incertezza nei ruoli.* Possono sorgere conflitti tra project manager, membri del team e manager aziendali. Alcuni manager potrebbero,

soprattutto in organizzazioni a matrice, avocare a sé decisioni che sono di responsabilità di loro sottoposti, almeno all'interno del progetto. Peggio ancora, potrebbero far valutare ad altri, esterni al progetto, la bontà del lavoro di una persona o, addirittura, di tutto il team. Cerchiamo di comprendere meglio come gestire questo tipo di conflitti. È del tutto lecito, e in alcuni casi lo prevedono delle metodologie, che i risultati di alcune attività siano rivisti da persone con le stesse competenze. Questo tipo di revisione prende il nome, in letteratura, di *peer review* (letteralmente, revisione tra pari): qualcosa prodotta da Mario la rivede il suo collega Piero che ha le stesse competenze. Tali revisioni, però, devono seguire regole ben precise. Innanzitutto, occorre definirne gli obiettivi e i revisori devono basarsi su criteri oggettivi, senza discutere il valore delle persone che hanno realizzato ciò che si sta valutando. Inoltre, deve esserci un tacito accordo che chi ha subito la peer review sarà poi chiamato, quando se ne presenta l'occasione, a fare una cosa analoga verso colei o chi ha rivisto il lavoro. In questo modo, non solo si eliminano eventuali comportamenti scorretti, del tipo "Ho finalmente l'occasione di mettere in cattiva luce il collega" e si fa comprendere che la procedura è valida per tutti, e non è usata per mettere in discussione i ruoli del progetto. Pertanto il project manager, se la peer review è una procedura aziendale consolidata, dovrà attenervisi, vigilando che non ne sia fatto un uso distorto. Se, invece, tale procedura non è prevista dall'azienda, deve chiarire con i manager interessati i motivi che ne hanno portato all'adozione.

CONFLITTI INTERPERSONALI

Possono essere dovuti a:
- *Personalità*. Chi di noi non ha mai avuto un collega antipatico e con cui non andremmo mai a pranzo. Possono esserci persone che hanno un forte desiderio di fare carriera, altre che vogliono comandare per il gusto di farlo, altre sanno solo accusare gli altri senza fornire dei suggerimenti costruttivi. Le persone hanno personalità differenti, che denotano bisogni nascosti che vanno interpretati. Questi bisogni, però, non devono essere soddisfatti solo per evitare il conflitto: questo sarebbe il modo peggiore di gestirli. Occorre, al contrario, basarsi su criteri oggettivi. Infatti, stiamo parlando di conflitti su attività lavorative che, nel caso di progetti, si riferiscono a qualcosa che ha degli obiettivi ben precisi e dei risultati da ottenere. In caso di conflitti di personalità, occorre sempre dialogare con franchezza avendo come riferimenti gli obiettivi del progetto, evitando le personalizzazioni dovute al comportamento incauto di qualcuno.

- *Comunicazione*. Abbiamo visto che comunicare non è facile, e coinvolge sia la parte verbale sia la postura, i gesti, il tono di voce e così via. Inoltre, la comunicazione scritta, come la posta elettronica, può essere foriera di problemi e conflitti. Il miglior modo di gestirli consiste nel cercare di capire i messaggi inviati e come possono essere stati fonte di conflitto. Si eviteranno gli stessi errori, cercando di comunicare in funzione della tipologia (uditivo, visivo o cinestetico) dei collaboratori coinvolti nel conflitto.

MONITORAGGIO DEGLI STAKHOLDER

Il peggior errore che un project manager può compiere consiste nel ritenere che durante il corso del progetto non si possano aggiungere altri stakeholder e che sono sufficienti i piani di azione già intrapresi e messi in atto. Questo comportamento è un errore perché durante la fase di azione, ma anche durante tutto il progetto, possono emergere altri stakeholder che non erano stati considerati prima o che sono stati coinvolti dall'azione, diretta o indiretta, di altri stakeholder. Il modello delle dinamiche relazionali tra stakeholder introdotto nel capitolo precedente aiuta a comprendere il perché di queste dinamiche. Nella fase di pianificazione, i potenziali stakeholder che il project manager identifica come influenzabili fanno parte di un insieme ben definito, che chiameremo *Stakeholder Potenziali di Fase di Analisi*. Il compito del project manager consiste nell'identificarli e fare in modo che diventino proattivi o positivi o, nel caso in cui possano essere potenzialmente negativi, almeno neutri. Successivamente, nella fase di azione, può avvenire quanto segue:

- Alcuni stakeholder possono, di propria iniziativa, cercare di influenzare altri potenziali stakeholder. In generale, questo avviene soprattutto da parte degli stakeholder negativi, che cercano di trovare alleanze contro il progetto. I potenziali stakeholder dovrebbero tendere, in quest'ultimo caso, a essere negativi. È rarissimo il caso in cui un potenziale stakeholder si convince della bontà del progetto se è contattato da uno stakeholder negativo.

- Azioni del progetto possono portare alcuni potenziali stakeholder a diventare degli stakeholder a tutti gli effetti. Ad esempio, si pensi a un gruppo ambientalista che scopre improvvisamente un progetto di raddoppio di un impianto produttivo potenzialmente inquinante. In questo caso, tale gruppo diventerà un ostacolo al progetto.

Chiameremo *Stakeholder Potenziali della Fase di Azione* l'insieme degli stakeholder potenziali presenti nella fase di azione. Badate che, per le azioni stesse del progetto e per quelle di altri stakeholder, tale insieme è, potenzialmente, diverso da quello identificato nella fase di analisi Inoltre, è possibile che altri stakeholder cambino il loro stato, oppure siano influenzati da altri stakeholder per cambiare il loro stato. Ad esempio, un direttore che era favorevole a un progetto di creazione di un prodotto può diventare contrario se il direttore del marketing lo convince dell'inutilità del prodotto sul mercato a causa, per esempio, di una novità introdotta in un'azienda concorrente. Le Figure 4.2 e 4.3 descrivono, con l'ausilio del nostro modello, entrambe le situazioni in alcuni casi particolari: il modello introdotto nel capitolo precedente consente di descrivere e prevedere determinati comportamenti. Nella figura 4.2 lo stakeholder positivo S1 influenza, nella fase di analisi, lo stakeholder potenziale PSx che si trasforma in uno stakeholder proattivo. L'insieme dei potenziali stakeholder, in fase di azione, non è più lo stesso, poiché PSx è diventato uno stakeholder proattivo. Durante la fase di azione, lo stakeholder negativo S2 influenza negativamente il potenziale stakeholder PSx1, facendolo diventare uno stakeholder negativo. Nella figura 4.3, lo stakeholder negativo S2 influenza S1 che, a sua volta, si trasforma in stakeholder negativo. In questo caso, potrebbe innescarsi un "effetto valanga": tutti gli stakeholder influenzati da S1 (come Sx della figura 4.2) potrebbero essere influenzati, in questo caso negativamente, dal cambiamento di S1, e seguirlo nel suo comportamento. Pertanto, il project manager deve mantenere aggiornata la propria "lista" di potenziali stakeholder e di stakeholder effettivi, cercando di comprendere e di prevedere in anticipo le mosse di quelli che possono negativi per il progetto.

IL NOSTRO CASO D'USO: LE CONCLUSIONI

Mario comincia con gli stakeholder negativi, cercando di trasformarli in proattivi o positivi. Dapprima analizza i bisogni di chi possiede le terre da espropriare e, dopo una breve chiacchierata con il personale della Pubblica Amministrazione e alcuni rappresentanti del comitato dei proprietari, comprende che la paura dei proprietari è di perdere una fonte di reddito per i figli. Pertanto, di concerto con il direttore generale, informa il Sindaco che la società è disponibile ad assumere, per svolgere lavori qualificati all'interno del futuro parco giochi, un numero massimo di due persone segnalate da ciascun proprietario del terreno. La società offre questo come gesto di buona volontà nei confronti di chi ha ottenuto l'esproprio. Prima di comunicare la notizia, però, Mario concorda con l'Ufficio Legale della società i modi per scrivere il comunicato e per evitare che questa decisione possa assumere il significato di affermare che il terreno ha valore ben superiore a quanto acquistato dal Comune. I proprietari terrieri accettano di buon grado.

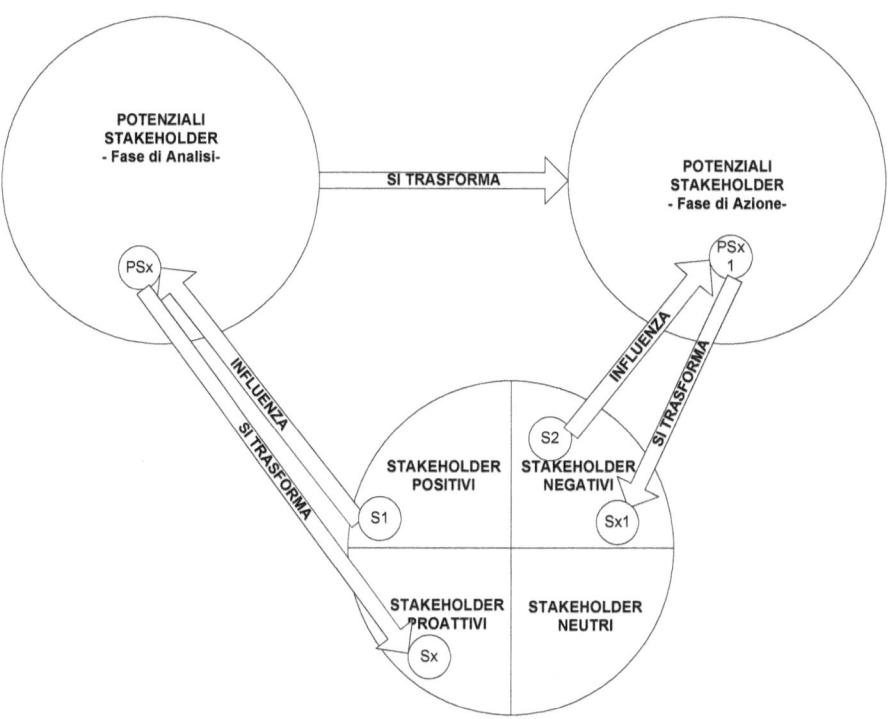

Figura 4.2 – Cambiamento dei potenziali stakeholder nella fase di azione

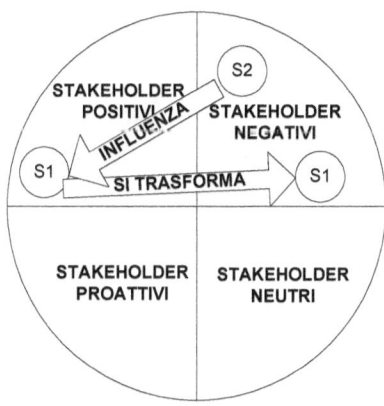

Figura 4.3 – Cambiamento degli stakeholder nella fase di azione

. In questo caso, Mario ha usato una strategia negoziale. Con i gruppi ambientalisti, Mario decide di usare una strategia informativa. Li riunisce non in una conferenza stampa, ma indice un workshop informativo in cui fa spiegare dai suoi collaboratori il design dell'opera e le soluzioni tecniche che il team userà per evitare impatti ambientali. Il team di progetto decide anche di chiedere eventuali suggerimenti alle associazioni ambientaliste, che rispondono con alcune richieste che il team di progetto può soddisfare. Questi gruppi sono diventati degli stakeholder proattivi, se non proprio favorevoli al progetto. Mario, dopo averne parlato con il proprio management, propone anche di istituire una giornata annuale per mostrare all'esterno come il progetto e, più in generale, l'azienda, rispetti l'ambiente. Sul fronte interno, Mario comprende che l'atteggiamento di Bruno è controproducente e, quindi, pensa soltanto a evitare che voci incontrollate e infondate su un cattivo andamento del progetto possano cominciare a circolare all'interno dell'azienda. Per fare questo, invia periodicamente i rapporti al suo capo e al direttore generale, e con quest'ultimo trova occasione per parlarne informalmente, anche per evitare che quest'ultimo abbia delle informazioni distorte da parte di altri. Sui rapporti con il proprio capo, Mario vuole evitare conflitti, perché potrebbero danneggiare il progetto e creare un clima di tensione. Pertanto, decide di occuparsi solo del ruolo di project manager: eventuali promozioni, che sarebbero comunque ben accette, dovranno essere vagliate dal direttore generale. Mario scopre che il team di progetto è ben motivato, ma il capo della Produzione non può fornirgli il personale che richiede se non due mesi dopo la data prevista. Convoca il project office e cerca di comprendere se tale ritardo è accettabile. Il project office simula il ritardo con un cronoprogramma e scopre che comporterebbe il pagamento di una penale di 100mila euro. Pertanto, Mario decide parlarne con il capo della Produzione, chiedendogli di verificare se è possibile trovare un'alternativa che consenta di evitare questa perdita economica. Questi, dopo un paio di giorni di riflessione, propone un piano alternativo che consentirebbe di arrivare nei tempi opportuni con rischi minimi. Mario e il project office analizzano questa pianificazione e, dopo un'analisi costi/benefici, decidono di accettarla. In questo caso, Mario ha usato una strategia persuasiva, poiché ha mostrato dati oggettivi a sostegno della sua tesi. Inoltre, ha favorito la partecipazione al progetto del capo della Produzione.

BIBLIOGRAFIA

[1] G. Macchia, *Project Management – Teoria Strumenti Attività*, Lulu Press
[2] Project Management Institute Standards Committee, *A Guide to the Project Management Body of Knowledge*, Project Management Institute
[3] International Organization for Standardization, *Quality –Vocabulary*
[5] A. Dixit e Barry Nalesbuff, *Io vinco tu perdi – strategie di successo nel business e nella vita*, Il Sole 24 Ore
[6] John Nash, *Giochi non cooperativi ed altri scritti*, Zanichelli
[7] Roger Fisher e William Ury, *L'arte del negoziato – come difendere i propri interessi in ogni sorta di trattative*, Arnoldo Mondatori Editore
[8] William Ury, *Negoziare in Situazioni difficili*, NLP ITALY
[9] Birkenbill V, *I segnali del corpo*, Franco Angeli
[10] Piattelli Palmarini M, *L'arte di persuadere*, Arnoldo Mondadori Editore
[11] Harvard Business Essentials, *La negoziazione*, ETAS
[12] Howard Raiffa, *L'arte e la scienza della negoziazione*, NLP ITALY
[13] Allan e Barbara Pease, *Perché mentiamo con gli occhi e ci vergogniamo con i piedi*, Sonzogno Editore
[14] Herzberg, F.I. *One more time: How do you motivate employees?*, Harvard Business Review, Vol. 65 Issue 5, p109-120,1987,
[15] Tuckman, Bruce, *Developmental sequence in small groups*. Psychological bulletin, 63, 384-399, (1965).
[16] Tuckman, B. W. & Jensen, M. A., *Stages of small-group development revisited*, Group Org. Studies 2:419-27, 1977
[17] Enrico Cavalieri e Rosella Ferraris Franceschi, *Economia Aziendale*, Giappichelli Editore Torino
[18] Jeffrey Pinto, *Power & Politics in Project Management*, A Project Management Institute Book
[19] Blanchard e al., *L'One minute manager insegna a delegare*, Sperling & Kupfer
[20] Blanchard e al., *La leadership e l'One minute manager*, Sperling & Kupfer
[21] Dilenschneider R, *Esercizio del potere e arte della persuasione*, Bompiani
[22] Dilenschneider R, *Comunicazione come decisivo esercizio del potere*, Bompiani
[23] Vijay K. Verna, *Human Resource Skills for the Project Manager*, PMI
[24] Quentin W. e J. Fleming, *Subcontract Planning and Organization*, PROBUS PUBLISHING COMPANY
[25] Yoshio Kondo, *La motivazione – Una chiave per il management*, Editoriale Itaca
[26] Robert Megill, *An introduction to Risk Analysis*, 2nd Editino, Pennwell Books
[27] Il Sole 24 Ore, Master in Gestione e Strategia d'Impresa, *Gestione del Tempo e degli Obiettivi*.
[28] R. Max Wideman, *Risk Management*, PMI
[29] O. Kharanda e E. Stallworthy. *Il lavoro in team*, De Agostini – Franco Angeli
[30] Jay Richardson, *Introduzione alla PNL*, NLP ITALY
[31] Vincenzo Fanelli, Migliora *le tue relazioni con l'enneagramma e la PNL*, Essere Felici